W0392661

HENRI
LECONTE

BALLES NEUVES

HENRI
LECONTE

BALLES NEUVES

Écrit en collaboration avec Bernard Baudouin

MARABOUT

© Hachette Livre, Département Marabout, 2023

Crédits iconographiques du cahier photos :
Page 1 (de haut en bas) : © Archives de Henri Leconte ; © Presse Sports ; Pages 2 et 3 : © Archives de Henri Leconte ; Page 4 (de haut en bas) : © Presse Sports ; © Archives de Henri Leconte ; Page 5 : © Pochat/Presse Sports ; Page 6 (de haut en bas) : © Jean-Claude Pichon/Presse Sports ; © Archives de Henri Leconte ; Page 7 : © Archives de Henri Leconte ; Page 8 : © Presse Sports.

Mise en pages : Médiamax
Textes : Henri Leconte avec la collaboration de Bernard Baudouin
Préparation de copie : Gilles Chauvin
Relecture : Vediteam

Tous droits réservés. Toute reproduction ou utilisation sous quelque forme et par quelque moyen électronique, photocopie, enregistrement ou autre que ce soit est strictement interdite sans l'autorisation écrite de l'éditeur.

Sommaire

Préface

Si je ne me suis jamais aventuré à répondre aux sollicitations des éditeurs pour expliquer qui est et ce qu'est mon ami Henri, c'est que sa personnalité désarmante de complexité et admirable de simplicité ne saurait être tracée que par un génie dont l'écriture et le talent s'apparenteraient à celui du tennis de notre gaucher.

Du jeune, insouciant et fougueux « Riton » – tendre surnom hérité des festives et regrettées guinguettes des bords de Marne d'antan, et d'une famille heureuse qui choyait son cadet sans omettre de lui inculquer fortement les principes serrés et le sens des valeurs – à « Monsieur Henri », voulu par un esprit ambitieux mais nuisible qui parvint à dénaturer provisoirement le juste fond du champion voire de l'homme, en passant par le « Henri Leconte » ovationné, adulé, imité dans le monde entier et conspué dans son pays par une frange mesquine et adoratrice à la fois, il y a de quoi trébucher et s'étaler pour les plus proches qui tiendraient à l'expliquer.

Aussi, ce qui me semble le plus adapté pour situer une exception de la nature, c'est de rappeler qu'Henri se produisait pour le beau, le brillant, le panache et combattait pour le triomphe chevaleresque. Sa légendaire empathie pour autrui et ses excès de générosité lui auront valu des larmes de joie et de douleur, mais jamais il ne se sera départi d'une inaltérable joie de vivre et d'un refus obstiné d'inopportunes jérémiades.

Tiens le cap, sexagénaire accompli, et sois assuré d'une amitié de cœur pour l'homme que tu es et d'un regard à jamais ébloui par ton revers à « deux doigts » et tes volées sans égales.

Ton coach, capitaine, vieil ami.

Jean-Paul Loth

Introduction

Encore un livre sur Henri Leconte ? Eh non, pas cette fois !

Des pages et des pages, d'accord, mais que j'ai voulues cette fois sans les devoir à personne, que j'ai écrites.

Il est temps que vous sachiez enfin que derrière le nom Henri Leconte, sur l'autre face de la notoriété de celui qui fut numéro cinq du tennis mondial, il y a un homme comme beaucoup d'autres, avec certes de grands moments, ses fabuleuses réussites, ses matchs incroyables aux quatre coins du monde, mais aussi avec ses doutes, ses erreurs, ses choix parfois discutables, ses emportements. Sans oublier son besoin incessant d'être aimé, sa générosité sans limites. Et parfois, affleurant dans les moments de doute ou de solitude, une souffrance resurgissant pour bousculer les moindres certitudes.

Le monde dans lequel nous vivons en 2023, emporté dans une spirale d'obligations et d'informations, relayées à l'infini par les réseaux sociaux, est propice au questionnement et est rythmé par les croyances des uns et les fausses bonnes intentions des autres.

Ballotté au cœur d'influences multiples, on ne sait pas toujours très bien où on en est, si ce que l'on fait est le plus judicieux dans notre trajectoire, pour soi-même comme pour ceux qui nous accompagnent.

Ce que je sais aujourd'hui, que j'ai enfin compris, après avoir longtemps « tourné autour » sans vraiment m'y impliquer, c'est qu'il y a toujours une réponse à nos interrogations, une réplique toute trouvée à nos hésitations les plus tenaces.

Quand on ne sait plus où donner de la tête, quand on a l'impression que notre vie ne nous appartient plus vraiment, qu'elle s'est un peu perdue dans des orientations et des valeurs qui ne nous enrichissent plus, il existe une solution radicale pour revenir à ce qu'est réellement notre existence.

Revenir à soi est LA solution pour reprendre la main sur ce qui nous arrive et ne plus se laisser emporter par des choix ou de « bonnes raisons » qui ne nous concernent pas réellement… et qui surtout, le plus souvent, ne servent pas nos propres intérêts.

Cela ne veut pas dire que le monde est mauvais, que les autres sont forcément contre nous plutôt qu'à nos côtés, juste que c'est à nous de décider quelle voie emprunter, quelle orientation donner à la vie qui pulse en nous.

On se fait beaucoup d'idées sur ce qui nous arrive, le pourquoi, le comment – « À quoi ça sert ? », « Qui je suis en réalité ? », « Où vais-je ? » – mais finalement ce n'est pas si compliqué. Comprendre que tout cela ne dépend que de moi a changé ma vision de la vie.

Généreux de nature, toujours soucieux de faire le bien, de faire plaisir autant que possible, j'ai beaucoup donné et partagé sans compter. J'ai beaucoup espéré, beaucoup cru, dans mon métier comme dans la vie, sans toujours être compris comme je l'aurais voulu. Aujourd'hui, je remets les pendules à l'heure, sans amertume ni reniement, juste pour que tout soit à sa place, pour retrouver une vraie paix de l'esprit. Une sorte de sérénité, dont je m'aperçois chaque jour qu'elle me va bien.

Alors la soixantaine qui est là, qui se profile... me fait sourire ! Car bien loin de laisser augurer un déclin, elle est au contraire annonciatrice pour moi d'une nouvelle vie, pleine de projets, porteuse de nouveaux espoirs, avec encore et toujours l'envie d'apprendre, d'accomplir, de gagner, de prouver que tout est possible.

C'est tout cela que je souhaite partager avec vous. Comme je l'ai toujours fait, sans compter, en souvenir des plus belles heures de nos complicités d'hier. Cette fois en prenant moi-même la plume, pour ne rien omettre de ce qui a fait de moi l'homme que je suis aujourd'hui.

Si mes mots vous éclairent un peu sur cette trajectoire hors du commun qui a été et demeure la mienne, en rassurent ou en réconfortent certains, alors nous aurons fait, ensemble, un bon voyage.

CHAPITRE 1
Poser des mots

On a tous eu envie, un beau matin, de poser son sac, de prendre du recul et de simplifier tout ce qui peut l'être.

C'est pourtant un matin comme les autres, comme tant d'autres auparavant, avec nos habitudes, nos obligations, notre emploi du temps quotidien, tout ce qui a fait notre vie jusqu'à présent. Mais ce jour-là, sans qu'on puisse l'expliquer vraiment, on sait que c'est le moment.

On pourrait tout continuer comme avant, mais le besoin de réfléchir « autrement » s'impose. C'est maintenant, aujourd'hui, comme s'il devenait évident, impératif de porter un autre regard sur notre vie, sur ce que l'on est réellement.

Cela n'a pas grand-chose à voir avec les autres. C'est d'abord pour soi que l'envie de faire le point émerge, nous gagne, et bientôt fait son chemin au fil des heures, puis de jour en jour.

Oui, c'est ça, penser les événements qui ont jalonné notre vie passée pour mieux acter notre vie présente et future. Bientôt l'impératif de « dire », de décrypter, d'expliquer, de chercher le sens nous gagne.

J'ai déjà écrit, signé deux livres sur ma vie[1], sur ma carrière de tennisman parvenu au cinquième rang mondial. Des livres destinés aux autres, pour leur révéler comment j'ai vécu ces années consacrées à la compétition, avec souvent une joie immense, de la folie aussi, au prix parfois de grandes douleurs.

Mais là, c'est différent. C'est de l'homme que j'ai envie de parler. C'est de moi que j'ai besoin de m'approcher, pour extraire enfin ce qui est encore caché, ce que je n'ai jamais dit. Et peut-être en finir une bonne fois pour toutes avec les masques et les manques qui sont encore là, dans l'ombre du quotidien.

Les deux précédents ouvrages répondaient à une demande extérieure de tous celles et de tous ceux qui, par médias interposés, m'ont connu et suivi sur les courts aux quatre coins de monde. Alors, j'ai souscrit à leurs attentes, avec force détails sur ma vie sportive et mondaine.

Deux décennies se sont écoulées. Le livre que j'entreprends d'écrire aujourd'hui ne répond qu'à

---

1. *Ma vie de gaucher*, Solar, Paris, 1993 et *Je voulais vous dire...*, Plon, Paris, 2004.

mon désir de mettre en lumière, plus intimement et sereinement, la vraie nature du Henri Leconte dont on ne connaît le plus souvent qu'une image superficielle. Juste parce que les expériences, les rencontres et les années ont produit leurs effets, m'ont enrichi et fait grandir, bien au-delà de la seule sphère tennistique.

À l'amour du sport, envers lequel je garde une infinie gratitude pour ce qu'il m'a apporté, succède à présent la passion pour une vie régénérée, et l'envie de m'ouvrir à de nouvelles activités, plus proches de ce que je suis réellement.

C'en est fini d'en vouloir toujours plus pour entrer dans la case prédéfinie d'un système, de souhaiter avant tout être aimé et reconnu, d'avoir autour de soi un nombre sans cesse grandissant de prétendus amis.

Tout cela est bien loin à présent de ce dont j'ai besoin, de ce que je vis désormais chaque jour dans mon existence d'ancien sportif de haut niveau.

Car le « niveau » auquel je me réfère aujourd'hui – si tant est que l'on puisse définir par un terme aussi générique ce à quoi j'aspire à présent – est bien différent.

C'est ce dont je veux vous parler. Parce qu'au-delà de ma seule personne, dans ce que je vis et expérimente chaque jour, c'est aussi de chacun de vous qu'il est question.

Nous avons tous un passé, qui s'est nourri d'éléments positifs ou négatifs qui nous ont appris à vivre et à définir notre trajectoire. Chacun la sienne, car il n'y en a pas deux qui se ressemblent vraiment. Mais le passé est le passé. C'est ce que l'on est maintenant qui compte.

Quoi que l'on ait pu vivre « avant », c'est aujourd'hui que tout se joue, dans ce que l'on fait des expériences vécues hier. Et peu importe les jugements extérieurs, c'est en nous que cela se joue, que tout se décide, pas dans le regard des autres. En être conscient change résolument ce que l'on va faire de sa vie, aujourd'hui comme demain.

Les rencontres que l'on a pu faire nous ont appris, enrichis, influencés, pas toujours de la meilleure des manières. Dans tous les cas, pour chacun de nous, elles ont contribué à forger ce que nous sommes aujourd'hui, avec nos forces, nos faiblesses, et, souvent, encore bien des choses à expérimenter, à oser dire et faire en surmontant nos peurs et en laissant nos émotions s'exprimer.

Je vois aujourd'hui dans toutes ces années vécues un lent cheminement qui, en définitive, au-delà d'une multitude de péripéties passagères parsemées de moments fabuleux et de grandes souffrances, m'a ramené vers moi.

Avec une évidence soudain flagrante : durant toutes ces décennies, j'ai aujourd'hui l'impression de m'être « oublié », d'avoir souvent accepté des rôles que l'on voulait me faire jouer… pour des raisons qui n'étaient pas vraiment les miennes ! Pour autant, je ne regrette rien. J'assume. J'y ai pleinement contribué, en faisant de trop nombreuses concessions et en déléguant souvent aux autres les choix importants de ma vie.

Tout cela est terminé. Je sais aujourd'hui très exactement où je suis, qui je suis. Ce qui est de mon ressort et ce qui ne l'est pas. J'ai payé le prix fort pour en arriver là. C'est bien la preuve que le temps qui passe, pour peu qu'on soit attentif à ce qui nous arrive, nous en apprend énormément, en notre for intérieur, une fois les masques et les rôles abandonnés, sur la réalité de notre existence.

Après avoir longtemps souhaité me reconnaître dans les autres, dans leurs choix, leur dynamique ou encore leur image, c'est maintenant dans le Henri Leconte le plus authentique que je me ressource. La force intérieure, la sensibilité et l'humilité, dans lesquelles chacun devrait se retrouver, sont désormais au premier plan de ce que je vis chaque jour.

C'est ce dont il est question dans ce livre. Juste pour dire, témoigner qu'en dépit de toutes les errances vécues dans le passé, quel que soit notre âge, qui que l'on soit et quoi que l'on fasse, notre vécu nous enrichit. On peut appeler cela la maturité, qui nous équilibre au cœur de notre moi véritable, qui nous permet de faire les bons choix avec confiance.

On peut dire ce qu'on veut, quelles que soient les circonstances dans lesquelles on évolue, c'est encore et toujours de notre potentiel personnel qu'il est question, bien avant les considérations extérieures. C'est ce que m'ont appris toutes les expériences vécues, les émotions contenues pour éviter tout jugement, les choix concédés avec l'espoir naïf que tout s'arrangerait.

Je n'ai pas été plus fort ou plus faible qu'un autre. Plus influençable, certainement. Jusqu'à comprendre enfin aujourd'hui, épreuves à l'appui, la vraie valeur des mots, des choix... et surtout des gens ! Car c'est bien là que tout se décide, dans la place que l'on réserve à celles et ceux qui nous entourent et qui nous accompagnent, et qu'un beau jour on laisse entrer dans notre vie, dans le respect qu'ils nous portent réellement et dans ce qu'ils nous donnent sans arrière-pensée. Ces autres en fonction de qui on a trop souvent agi, choisi telle orientation plutôt qu'une autre, sans toujours envisager les conséquences.

S'en rendre compte, même à soixante ans, change bien des choses. On pourrait penser au temps perdu dans l'enchaînement de périodes superficielles, mais ce serait se renier. Alors je préfère y voir le *temps gagné*, pour vivre « autrement » aujourd'hui, et surtout demain dans tout ce qu'il est encore possible d'accomplir.

Témoigner, entreprendre, transmettre mon expérience. Rien d'autre, sans jugement ni prétention. Car je sais à présent que la vraie vie réside dans la capacité à surmonter et dépasser les fausses images de soi, les reniements sourds de ce que l'on est véritablement, les non-dits incessants. Pour accéder enfin à celui que l'on est au plus profond de soi et le laisser émerger au grand jour, dans une authentique renaissance.

Il ne s'agit pas d'un programme aux allures de développement personnel, juste un retour à l'essence de soi, pour assumer en pleine conscience ce qu'il est toujours possible de faire et, pourquoi pas, ce que l'on est venu accomplir dans cette vie.

Être vivant

Revenir à ce que l'on est véritablement, à la source, sans pour autant se morfondre dans les regrets du passé, et pouvoir se regarder dans la glace sans problème de conscience, c'est sans doute ça, être vivant.

Je suis là aujourd'hui pour poser sur le papier les mots d'une vie autrement plus authentique que celle étalée autrefois sur les premières pages des tabloïds. Sans rien renier ni regretter, mais avec au cœur le souffle d'une vraie liberté retrouvée. Et surtout, une vraie paix intérieure... bien méritée, je crois.

Alors voilà, que faire de tout ça, de ce constat qui s'impose désormais chaque jour avec évidence ?

Une vie déjà longue, des souvenirs flamboyants d'une fabuleuse énergie, d'autres ancrés douloureusement dans un corps maintes fois meurtri. Et puis toutes ces rencontres qui m'ont guidé, éclairant mon chemin. Celles qui m'ont mis à l'épreuve et dont je me suis libéré à un certain moment.

Que faire ? La réponse est simple : donner un autre sens à ma vie, à cette trajectoire qui a pour seul mérite d'avoir été la mienne, comme pour valider tout ce que j'ai appris et reçu, et transmettre les quelques valeurs qui m'ont mené là, aujourd'hui. Qui finalement m'ont ramené à la vie, à ma vie.

Tout est là. Dans cette envie, ce désir de donner encore du plaisir comme je l'ai si souvent fait dans le passé, et d'offrir tout ce que j'ai, tout ce que je suis pour faire du bien, le temps d'une confidence tout au long de ces quelques pages, d'un entretien, d'une conférence ou d'un séminaire. Pour tous celles et ceux qui cherchent encore, qui se demandent ce qu'ils font là, comment surmonter les épreuves et aller au bout d'eux-mêmes, comment donner du sens, transcender ce temps qui s'écoule imperturbablement et qui nous rapproche tous, au bout du compte, d'une fin de partie annoncée.

Simplement vibrer

Soyons clairs, je ne suis pas devenu soudain le porteur de la bonne parole. Non, j'ai juste une expérience à partager, pour qui voudra y trouver quelques éclairages, empreints du plus élémentaire bon sens, sur sa propre trajectoire.

Le temps de revenir à ce qui est essentiel, pour chacun de nous, dans notre vie de tous les jours. Car pour être vraiment vivant, de la plus concrète des manières, il faut simplement *vibrer*.

Qu'est-ce que ça veut dire ? Quand est-ce qu'on vibre ? Quand on est réellement soi-même dans tout ce que l'on vit et accomplit. Quand nos actes sont en accord avec nos pensées, nos envies, nos désirs, nos attentes, nos besoins.

D'accord, ça fait beaucoup de choses à mettre en place, à revoir dans bien des cas quand on s'autorise à porter un regard objectif sur sa vie, mais c'est à ça que sert l'expérience. La nôtre ou celle de personnes qui, à un moment donné – vous avez dit « hasard » ? –, se présentent à nous, sans grandes phrases ni jugements, pour nous faire partager la leur.

Alors voilà. Je suis là. Avec l'expérience d'un sexagénaire. Qui pourrait ressembler à beaucoup d'autres. Dans ces vibrations tellement positives qui m'ont révélé à moi-même, et cette volonté farouche, à toute épreuve, qui m'a permis de transcender aussi bien les échecs que les graves problèmes physiques, les choix parfois discutables et les succès hors du commun. Avec pour leitmotiv, tout au long de ces années, la détermination indéfectible, chevillée au corps et à l'esprit, de progresser, de rebondir encore et toujours quoi qu'il arrive.

L'expérience d'une vie. Avec des évidences à mettre en valeur, aussi positives que néfastes, des leçons à tirer, des synchronicités[1] à souligner. Quelques vérités aussi, à confronter aux pressions de tous ordres qui nous interpellent chaque jour et qui tentent de nous imposer une vision du monde qui n'est pas forcément la nôtre.

Après avoir longtemps cherché, dépensé des tonnes d'énergie dans des choix qui ne m'appartenaient pas réellement et qui, du coup, ne me rendaient pas vraiment heureux, j'ai découvert que travailler sur

1. Qualité de ce qui est synchronique, de ce qui se passe en même temps. Occurrence simultanée d'au moins deux événements qui ne présentent pas de lien de causalité, mais dont l'association prend un sens pour la personne qui les perçoit.

moi-même me faisait prendre de la distance face aux événements.

Se pencher sur ce que l'on est, sans détour ni faux-semblant, affine forcément la perception que l'on a de soi, la conscience de ce que l'on est. Le grand mot est lâché... *conscience*.

Cela ne veut certainement pas dire que je serais doté d'une conscience élevée et que toute personne lisant ces quelques lignes ne le serait pas. Nous avons simplement tous des niveaux de perception et d'entendement différents, en perpétuelle évolution, susceptibles d'être partagés dans certains cas lorsqu'une opportunité se présente.

Voilà ce que pourraient être ces quelques pages, une *opportunité* laissant à chacun le choix de faire siennes certaines idées ou propositions. Ou simplement une piste de réflexion, sans jamais prétendre à une quelconque vérité indiscutable.

CHAPITRE 2

Donner du sens

Alors que je marche au bord d'un lac en région parisienne, je sais d'où je viens. Bien des années après, je n'ai pas oublié. Le meilleur comme le reste.

Le temps a passé. J'ai grandi, vieilli, parcouru le monde de long en large, expérimenté mille rencontres et situations, pour finalement revenir à moi. Enfin.

La silhouette qui se reflète à mes pieds dans l'eau du lac est celle d'un homme libre. Qui assume son fabuleux passé de sportif de haut niveau comme les années qui l'ont mené, parfois douloureusement, à une renaissance salvatrice.

Le soleil, haut dans le ciel, m'en est témoin : le désir de vivre et d'aimer m'habite plus que jamais, à chaque nouveau pas que je fais.

Quand on est jeune et en mesure de profiter de la vie, on ne pense qu'à vivre aussi ardemment que possible.

On découvre, on expérimente et quand visiblement on se trompe, on s'engage dans une autre direction. De toutes parts, au fil des jours, c'est la griserie permanente dans la valse des possibles.

On a tous vécu, plus ou moins ouvertement, cet éveil des sens à l'enfance, puis l'explosion des émotions à l'adolescence, à mesure que s'ancraient en nous, auprès de nos proches et dans certains lieux, de vraies racines.

Au fil des ans, mon éducation a tenté de canaliser le tout du mieux possible en fonction des traditions du milieu. Et peu à peu, dans notre cadre de vie quotidien, avec ou sans famille, une existence à part entière prend bientôt sens.

Sans en avoir conscience, nous bénéficions d'une transmission tout au long de ces années. Quelles qu'aient pu être les présences autour de nous, elles nous ont insufflé leurs règles, inculqué leurs valeurs jour après jour, dans les moindres expériences. Par l'exemple, les paroles, les choix au gré des situations, comme autant d'enseignements, donnés parfois d'un simple geste ou d'un regard, ou bien répétés encore et encore.

Au fil des jours, des plaisirs et des difficultés, des acceptations et des renoncements, à mesure que l'on apprenait à vivre, notre caractère s'est peu à peu forgé, parfois tendre et conciliant, ailleurs intransigeant ou même buté. Bienvenue au royaume de l'ego !

Les années qui se sont enchaînées ont fait le reste, confirmant telle aptitude, refoulant tel désir, dans une fluctuation incessante entre envies assouvies et refoulements sourdement encaissés, telle une loi implacable dans l'évolution de chacun.

Je n'ai pas échappé à la règle. Depuis ma vie en famille avec mon frère et mes sœurs, jouant savamment du fait d'être le « petit dernier », jusqu'aux prémices de ma passion pour le tennis qui allait très tôt m'envahir pour bientôt gommer tout le reste.

Comme si c'était écrit. Drôle d'idée. Drôle de sensation, à bien y réfléchir, quand je repense à la manière dont tout s'est enchaîné, comme inexorablement, pour me conduire quelques années plus tard jusqu'au cinquième rang du tennis mondial.

Tout cela est bien loin aujourd'hui. Quelque part dans les arcanes des sportifs mondialement reconnus. Mais si je suis là, ici, maintenant, sur cette page, c'est pour raconter ces années vécues et traversées, à la fois flamboyantes et douloureuses, qui fondent mon histoire.

Une histoire qui ressemble à bien d'autres. À toutes les autres.

Car à sa manière, à « ma » manière, avec ses hauts et ses bas, elle raconte et dessine la trajectoire d'une vie humaine. Et en cela nous nous retrouvons tous, vous et moi. Dans ce qui nous a « sculptés », dans la pulsion de vie qui nous anime, dans le flux d'énergie qui nous fait vibrer, ce que sont à présent nos existences.

Notre histoire à tous

On a tous grandi, appris, rêvé, espéré… et aussi douté, souffert, vécu des échecs, surmonté des épreuves. Le temps a passé, nous impactant dans ce que l'on vivait à l'intérieur de nous, et aussi dans ce que nous renvoyait, nous proposait, nous imposait le monde extérieur.

Il y avait nos proches, et puis tous les autres autour, le monde et ses traditions, ses coutumes, sans oublier les médias avec leurs codes et leur rôle savamment présenté comme incontournable.

Qui ne s'est pas un jour senti emporté, submergé par une image de lui-même qu'on lui désignait comme idéale, pour choisir un métier, une activité, un sport, un vêtement, un loisir… voire un compagnon de vie ?

Et toujours, en filigrane, bien avant de passer à l'acte, cette envie de faire de nouvelles choses, d'explorer tout ce qui peut l'être, d'écouter son instinct, de suivre une pensée jaillissant comme une évidence, d'expérimenter, d'entreprendre, d'aller au bout des choses. En un mot, *donner du sens*, jour après jour, à cette existence, à cette énergie vive battant au creux de notre poitrine.

Mais la vie, c'est aussi être confronté en permanence à la réalité du monde dans lequel on évolue, souvent de la plus concrète des manières. Et là, force est de constater que tout n'est pas aussi simple qu'on l'imaginait de prime abord.

Nos perceptions, nos sensations, nos émotions, notre ego plus ou moins affirmé doivent faire face aux impératifs d'un univers matériel dont les paramètres nous échappent et remettent le plus souvent en question nos propres conceptions.

Bienvenue dans la vraie vie... où on apprend très vite que tout n'est pas centré sur sa petite personne !

Donner du sens à notre quotidien va alors prendre une tout autre dimension.

Là où on souhaiterait laisser libre cours à nos envies, le plus souvent il faut se plier à des impératifs ou à des règlements contraignants ; quand on aimerait partager, on essuie ouvertement une fin de non-recevoir ; quand on évoque une intuition qui mériterait d'être concrétisée, le diktat de la bien-pensance nous est imposé. Au cœur de la réalité que nous partageons tous, on comprend très vite que la liste des interdits et des contraintes est illimitée.

C'est alors à l'ego, au mental, à notre force de caractère, à notre aptitude à s'imposer que l'on s'en remet pour tracer notre chemin. Avec forcément, au gré de nos expériences successives, les excès et les erreurs inhérents à tout ce qui, au-delà de ce que l'on ressentait et désirait intimement, nous a été imposé.

Ainsi présenté, le tableau peut paraître plutôt moyen, voire négatif, mais il n'en est rien. C'est globalement le lot de toute personne vivant aujourd'hui en société, dans une communauté imposant ses règles et ses lois. Donc, rien de bien original dans un monde moderne en pleine effervescence dans presque tous les domaines.

Mais c'est de notre qualité de vie qu'il est question, dès lors que l'on prend suffisamment de temps pour lui chercher un sens, pour examiner en toute objectivité ce que l'on vit, ce que l'on fait et ce qui en résulte au fil des semaines, des mois, des années. Surtout si cela correspond vraiment à ce que l'on est intérieurement, à cette pulsion de vie qui nous anime d'instant en instant, à mesure que se perpétue la longue suite des jours et que l'on vieillit inexorablement.

Vous comme moi, on l'a tous vécu : peu à peu, tout accepter, faire autant de concessions que par le passé, ravaler en silence certains de nos besoins et de nos envies nous paraît moins évident et moins nécessaire. Il n'est pas question pour autant de remettre en question ce que l'on a vécu, la façon dont on s'est souvent laissé emporter par les événements, dont on a cédé aux injonctions de notre entourage, mais les fondements de nos choix passés s'estompent. Emporté dans nos obligations quotidiennes, on ne s'y attarde pas plus que cela, car ce n'est rien de moins qu'une autre réalité qui est en train d'émerger : celle d'une nouvelle conscience.

Une nouvelle conscience

À toutes les époques de notre vie, quel que soit notre âge, nos choix et nos actes résultent de l'amalgame subtil entre nos connaissances, qui constituent notre socle de références, et nos perceptions immédiates décryptées par nos cinq sens, donnant naissance à notre conscience au présent.

Conscience d'où l'on vient, de ce que l'on a vécu, de ce que l'on vit présentement, de tout ce qui nous entoure, nous approche et nous influence, de tout ce qui occupe une place dans notre existence au quotidien, en une multitude de paramètres imbriqués les uns aux autres tel un gigantesque « écheveau de vie ».

Si bien qu'à tout moment, où que l'on soit, quoi que l'on fasse, c'est une lapalissade de dire que l'on est conscient. Encore faut-il préciser ce dont on parle, car étant tous différents il y a forcément conscience et « conscience ».

Ce serait une grossière erreur de porter un jugement sur tel ou tel niveau de conscience, en prétextant que l'un est bon ou bien et l'autre mauvais ou négatif, tant il est vrai qu'un pareil constat serait totalement subjectif. En effet, la conscience est du ressort de chacun en fonction d'éléments éminemment personnels auxquels nul autre ne peut avoir accès en totalité. De fait, porter un jugement, quel qu'il soit, est infondé et superficiel.

Alors, comment définir la conscience que l'on a de ce que l'on est, de ce que l'on vit, et plus largement de tout ce qui nous entoure ?

En s'en tenant non pas aux références des autres, mais aux faits les plus concrets, au vécu que l'on a impulsé hier, dans lequel on s'implique aujourd'hui, et que l'on entrevoit pour demain. Dans notre adaptation, mentale autant qu'intellectuelle et spirituelle, à l'univers matériel dans lequel on évolue.

Quelques grands mots, peut-être, pour cerner le phénomène très simple, que nous expérimentons tous, de notre adaptation permanente au monde.

Ce que nous disent nos échecs

Comme tout le monde, à certaines périodes de ma vie, j'ai été égoïste, affichant une confiance sans limites, voulant croire dur comme fer que le monde m'appartenait. Ou plutôt que l'on n'attendait que moi pour faire de grandes choses. Encore et toujours en quête de reconnaissance, d'amour, comme aux premiers jours.

Alors, bien des fois je me suis laissé emporter. J'ai dit oui à des sollicitations alléchantes qui flattaient mon ego, j'ai *surjoué* ce que j'étais véritablement, juste pour être à la hauteur de ce que l'on attendait de moi, de l'image que l'on souhaitait me voir afficher. Un peu comme quand un ami vous dit : « *Allez, vas-y, fais-le ! Tu verras, ça va être génial pour toi !* » On a tellement envie d'être génial, et surtout que le monde entier le constate, qu'on y va, qu'on fonce tête baissée. Évidemment, sans réfléchir aux conséquences !

Qui osera dire qu'il n'a pas réagi ainsi un jour, voire souvent, et réalisé plus tard combien le jeu était truqué, les dés pipés dès le départ ? Inconscience, quand tu nous tiens !

Au fil des années, comme tout le monde, j'ai enchaîné les expériences dans tous les domaines, les réussites qui font du bien et qui nous confortent dans ce que l'on entreprend, et aussi les échecs, qui surviennent parfois sans qu'on les voie venir, mais qu'il faut bien assumer, de mauvaise grâce.

Ces « ratés » nous disent, nous démontrent parfois de la plus douloureuse des manières que l'on ne maîtrise pas tout. Et surtout ils nous font douter de nous.

Mais est-ce bien nous, en notre for intérieur, dans ce que l'on est intimement et profondément, qui nous sommes trompés, qui avons fauté, qui avons manqué de perspicacité dans telle ou telle entreprise, ou est-ce à cause de ce que le système environnant nous a subtilement imposé, sans que nous en percevions les pièges ?

Le manque de lucidité, la trop grande confiance en soi, l'insistance à ne pas voir la réalité du danger qui s'annonce nous renvoient sans détour à notre conscience personnelle, qui nous fait placer à un certain niveau l'estime de nos compétences et à un autre la façon dont elles vont être perçues dans le monde extérieur, imaginant une parfaite symbiose entre les deux.

Mais la réalité de la « vraie vie », vécue au jour le jour dans l'enchevêtrement de tous les possibles et d'une multitude d'influences, a souvent peu de choses en commun avec la vision idéale de notre trajectoire dans le monde !

Qu'on le veuille ou non, il ne nous reste qu'une chose à faire : accepter, en toute humilité, de revenir à soi et apprendre de ce qui vient de se produire, car comme le disent très justement les maîtres à penser depuis fort longtemps : *tout ce qui nous arrive nous enseigne*.

Mon adolescence, ma carrière, ma vie sentimentale ont été émaillées de ces hauts et de ces bas qui jalonnent chaque existence. Rien d'exceptionnel là-dedans.

La seule chose qui change, d'un individu à l'autre, ce sont les leçons tirées ou non de nos réussites comme de nos échecs. Et surtout de ces derniers. Comment on transcende le négatif qu'ils ont produit pour avancer, pour reprendre là où l'on s'est arrêté et comment repartir enrichi par la prise de conscience du fondement de nos erreurs ?

C'est de cela, simplement, que je veux vous parler aujourd'hui. De cette expérience, de ces enseignements tirés de ma vie, essentiels pour moi, qui pourront peut-être éclairer le chemin pour qui souhaite se reconnecter à son propre potentiel et se réaliser pleinement.

CHAPITRE 3

Avoir le temps

Comme de nombreuses personnes, je passe pas mal de temps en voiture, au gré de divers voyages professionnels en Europe.

Quand on parcourt fréquemment de longues distances, peu à peu on s'habitue à une autre perception du temps.

Les heures au volant qui s'enchaînent, à voir défiler les kilomètres, deviennent autant de prétextes à laisser une foule de pensées batifoler dans notre esprit. À tel point que tous ces voyages, qu'ils soient courts ou longs, deviennent des moments où prendre le temps de réfléchir se révèle prioritaire. Et c'est peu dire que c'est un luxe.

En effet, dans le cours de notre vie moderne, la plupart d'entre nous sont sous pression, d'une manière ou d'une autre. Les impératifs de tous ordres, les obligations professionnelles, les coups de téléphone ou les contacts sur les réseaux sociaux jalonnent nos journées sans souvent nous laisser le temps de souffler. S'autoriser un petit café entre deux rendez-vous, s'il relaxe et libère un peu l'esprit, ne suffit pas à prendre du temps pour soi. Sans compter qu'il faut aussi jongler en permanence avec les grands axes de notre vie en société que sont notre travail et notre vie familiale… souvent dans cet ordre-là !

Alors je suis comme vous. Lorsque j'ai devant moi plusieurs heures à passer en voiture, je sais déjà que je vais pouvoir *prendre le temps*, me « désincarcérer » de tout ce que je dois accomplir au fil des jours, qui me satisfait en règle générale, mais qui aussi souvent me complique la vie.

Si je dois voyager seul, m'asseoir au volant devient alors, secrètement, presque un rituel de retour à moi. Et comme par hasard, résigné au temps que cela va prendre, cela ne me semble jamais trop long.

C'est dire combien cette sorte d'« évasion » est chargée de sens, quand je réalise que prendre suffisamment de temps pour moi, penser et réfléchir à ce que je fais, ce que je suis, ou à toute autre perspective, m'est devenu si peu courant qu'en réalité je saisis la moindre occasion qui se présente avec un plaisir infini.

Avoir le temps… peut-être l'un des privilèges majeurs dans un monde où tout va si vite qu'on a parfois l'impression d'être emporté dans un tourbillon qui malmène et bouscule notre vie de tous les côtés.

Assumer nos responsabilités, être à la hauteur de nos engagements, faire bonne figure en société, tenir notre rang en privé, autant de contraintes que nous avons acceptées de plein gré dans le passé, mais dont certaines, vieillissant comme nous, sont devenues plus pesantes au fil des années.

Alors revenir à soi, dans le « temps volé » au quotidien surbooké d'un voyage de quelques heures, se savoure avec la délectation d'une liberté retrouvée.

« *Un bien petit plaisir…* » me direz-vous ? Eh bien non, pas si petit que cela ! Car en filigrane, derrière les images de la route et des paysages dans lesquels notre voiture se fraie un chemin, c'est bien autre chose qui nous arrive.

Entre soi et soi

Loin du rapport aux autres, durant quelques dizaines de minutes, une poignée d'heures au bout du compte, c'est entre soi et soi que tout se passe.

Perceptions, sensations, émotions s'enchaînent au seul filtre de notre conscience que rien ne vient perturber ou influencer. On est seul, sans avoir rien d'autre à faire que de laisser notre esprit vagabonder au fil de nos pensées, ou bien de nous arrêter sur l'une d'elles et d'y réfléchir quelques instants. C'est souvent une parenthèse bienvenue dans la vie trépidante à laquelle la société moderne nous contraint, une bulle où rien d'autre n'a réellement d'importance que ce que l'on vit dans l'instant.

Dans ces moments-là, comme tout un chacun, j'ai la sensation de revenir en moi. Je revois mon passé, des morceaux de mon enfance heureuse en région parisienne, mon adolescence de sportif précoce consacrée au tennis, les fous rires entre copains à l'Insep, et bien sûr des images de ma carrière. Sans oublier la famille, parfois une aventure amoureuse, ou encore mes mariages successifs.

Mais il suffit d'un détail soudain aperçu sur le bord de la route ou d'un fou du volant faisant du gymkhana entre les voitures pour reléguer tout cela dans un coin de ma tête, bien loin finalement de ce que je suis aujourd'hui.

Car le temps a passé. Pour vous comme pour moi, les années qui s'enchaînent laissent de côté ce qui ne nous concerne plus, ce qui ne fait plus vraiment partie de notre vie. Cela a pu être prépondérant durant une période plus ou moins longue, mais nous nous en sommes dégagés, éloignés, c'est littéralement « sorti » de notre existence. Et le plus souvent, on se rend compte que c'est tant mieux.

Changer, évoluer, mettre à jour de temps à autre les fondements de notre existence est notre lot à tous, le propre de chacun au regard de ce qui nous paraît essentiel.

Mes années de formation au plus haut niveau sportif, les résultats professionnels exceptionnels, mes voyages dans le monde entier, tout comme les rebondissements de ma vie mondaine, ont été autant d'étapes essentielles en leur temps. J'en garde à ce jour le meilleur.

J'en ai fini avec le retour permanent aux hiers, bons ou mauvais, aux expériences fabuleuses ou douloureuses. C'est désormais au présent que je consacre toute mon énergie, mes pensées, mes projets. À moi, dans mon for intérieur, que je crois en priorité, à cette intuition qui me guide aujourd'hui vers ce que je sais encore possible.

C'est cette attitude résolument positive, cette volonté inébranlable que je souhaite partager avec vous aujourd'hui. Juste pour que ce soit entre vous et vous que les choses se décident, que se construise votre avenir. Tout comme je suis à présent, fort de mes propres expériences et après maintes errances, le seul maître de ma trajectoire.

« La » route

Il y a les routes que l'on emprunte, qui filent sous la voiture à mesure que s'écoule le temps passé au volant, au gré des paysages qui se succèdent, des pays que l'on traverse, juste pour aller d'un point à un autre, pour un rendez-vous professionnel ou un retour en famille.

Et puis il y a cette autre voie, qui parfois nous happe littéralement, qui nous attire irrésistiblement bien loin du quotidien pratique et fonctionnel de notre vie de tous les jours.

C'est « la » route, unique et ne ressemblant à aucune autre, qui, dans une parenthèse du temps, nous ramène à ce que l'on est, ce que l'on a toujours été et qui, comme dans une autre dimension, nous relie à ce qui est en réalité notre bien le plus précieux : nos racines.

Je suis un homme du Nord. Cette terre de France où le climat n'est pas toujours le meilleur, mais où la générosité, la simplicité, la vérité et le respect du cœur ont de tout temps été de vraies valeurs. Lorsque la route me ramène à Lillers, où je suis né, la reconnexion est immédiate. Car c'est là que tout a commencé, de là que tout est parti.

On vient tous de quelque part. D'un lieu, d'une région, d'une communauté. Mais, avant cela, de bien plus loin encore : de celles et ceux qui, avant nous, ont forgé une lignée, dont un jour, en poussant notre premier cri, nous devenons les descendants.

Car on s'attarde habituellement à la seule naissance biologique, au premier souffle qui marque l'entrée dans la vie humaine, mais on oublie souvent que cette énergie qui pulse dans le nouveau-né a été transmise par un nombre incalculable d'ancêtres qui se sont communiqué au fil du temps les gènes et l'A.D.N. dont il est porteur aujourd'hui.

Sans remonter si loin, nos parents, nos grands-parents et arrière-grands-parents sont évidemment présents en nous. Retrouver leur empreinte dans ce que l'on est, dans ce que l'on vit, donne un autre sens au regard que l'on porte sur soi.

Être né dans le lit où ma mère et mes sœurs sont nées n'est pas anodin pour cerner mes racines. Pas plus que porter le prénom de mon grand-père, enfant abandonné dont les premières années ont été marquées par les hébergements en famille d'accueil de la DDASS. Il faudra peut-être y voir plus tard, tout au long de ma vie, la trace indicible d'une blessure d'abandon et le besoin souvent inassouvi d'être aimé. Et aussi l'attachement indéfectible que je porte aujourd'hui encore à mon grand-père Henri, une présence qui m'impressionnait, véritable sage à sa manière, à la fois bienveillant et attachant, parlant peu mais vrai, qui m'aimait beaucoup et qui posait sur moi un regard attentionné. Quand j'allais le voir, c'était toujours un moment de joie, de plaisirs simples et authentiques.

Sur la route du retour à soi, il y a aussi tous ces souvenirs, depuis la plus tendre enfance, dans une famille unie où régnait visiblement l'amour entre mes parents et une grande complicité avec mon frère Ludovic, mes sœurs Sabine et Frédérique. Être le « petit dernier » d'une fratrie, quelque part le *plus récemment aimé*, était important pour moi, au point que j'insistais pour que mes parents n'aient pas d'autre enfant, ce qui m'aurait conduit à être moins aimé. Déjà la peur de l'abandon...

Une maison au Perreux-sur-Marne, une petite ville de la région parisienne à deux pas de la capitale. Du travail, à une époque où en trouver ne pose pas de problème. Une mère secrétaire au Tennis Club du Perreux, où elle donne aussi des cours. Un père ingénieur dans la sidérurgie, qui voyage beaucoup tel un globe-trotteur. Une vie de couple comme tant d'autres, plutôt confortable. Et bientôt un, deux, trois, quatre enfants. Naissance d'une fratrie.

Il règne dans la maison une belle ambiance de bonheur familial. Les parents ne parlent pas beaucoup, mais les enfants mettent une joyeuse pagaille dès que l'occasion se présente.

Certains mercredis, on sort un peu du carcan familial. Le soir, on va dormir chez nos grands-mères, parce qu'à cette époque c'est le jeudi que les enfants ne vont pas à l'école. On y mange des plats du Nord qui remplissent nos estomacs d'enfants. Ces moments-là sont super, on se sent plus libres qu'à la maison.

Le samedi, le rituel, c'est d'aller tous ensemble à Noisy-le-Grand, chez ma grand-mère maternelle. Prendre l'autobus est toujours une expédition extraordinaire quand on est jeune enfant ; on s'émerveille de tout ce qui défile de l'autre côté des vitres ; autres lieux, autres visages, autres ambiances... comme un petit air de voyage !

Une fois là-bas, c'est toujours un peu pareil. On mange du pâté aux pommes de terre, on passe un bon moment, mon père qui voyage beaucoup est enfin présent, et en plus avec les anciens. La vraie vie de famille, quoi !

Le dimanche, on va au club de tennis. Ou dans notre maison de campagne, à Coulommiers, qu'on appelle « la ferme ». Là-bas, c'est un peu la fête. Avec Ludovic, Sabine et Frédérique, on se lâche joyeusement, on fait du vélo, et aussi les pires conneries, comme tous les gamins de notre âge. On a aussi un verger, dont on profite dès les beaux jours, où on s'amuse beaucoup.

La famille a une belle qualité de vie, en partie grâce à mes parents, qui nous donnent une éducation stricte, qui sont travailleurs mais aussi de vrais fêtards. La maison est toujours ouverte aux amis, un couvert à disposition en permanence, dans une ambiance souvent festive.

À la maison, mon père a aménagé un garage, où on ne rentre pas les voitures, mais qui sert de lieu de fête avec leurs amis une ou deux fois par mois, le week-end. Mon frère Ludovic est un fou de musique et s'arrange toujours pour avoir les derniers vinyles ; moi, j'ai bricolé une guitare en bois et j'accompagne les groupes qu'on entend. En autant de moments caractéristiques d'une enfance heureuse.

Des parents. Une famille. Une fratrie. Avec en prime le fait d'être le petit dernier.

Si je suis là aujourd'hui, c'est par eux et pour eux. Je sais ce que je leur dois. Ce qu'ils m'ont donné, appris. Et aussi nos divergences, nos muettes impatiences dans un cercle fermé où on se parle peu, comme le veut une indicible tradition dans le Nord de la France, où les non-dits s'accumulent.

Mes parents nous ont apporté ce qu'ils pouvaient, le meilleur de ce qu'ils ont reçu eux-mêmes, avec leurs idées, leurs moyens, hérités de cette volonté cachée de mes grands-parents paternels, qui venaient de la DDASS et qui étaient forcément marqués par une enfance en manque d'amour parental, de surmonter ces manques et de créer une vraie et belle famille.

Encore aujourd'hui, je les remercie pour l'éducation qu'ils nous ont prodiguée, chacun dans son rôle – mon père souvent en déplacement pour son travail, ma mère dans l'organisation de la maison où le respect et à la politesse règnent en maître –, qui nous a préservés, nous a permis de ne pas tomber dans les excès et les dérives de l'époque.

Certains disent que naître dans telle ou telle famille ne doit rien au hasard. Que derrière les apparences, il y a toujours un sens caché. Je ne crois pas pour autant que tout soit écrit. Mais peut-être qu'arriver dans un milieu plutôt que dans un autre nous offre des opportunités particulières en fonction de potentiels bien présents, profondément enfouis en nous et ne demandant qu'à être révélés. En prendre plus ou moins conscience, selon les circonstances et les événements auxquels on sera confronté, dessinera le parcours d'une vie.

Pour moi, ce sont les balles qui volent au-dessus de mon couffin, dans le coin d'un court de tennis, qui semblent préfigurer ce qui va suivre, avec ce qui apparaît aujourd'hui, avec le recul, comme une troublante évidence : les petites sphères jaunes vont marquer mon existence !

CHAPITRE 4
Le virus est là !

En fait, il y a un autre membre dans cette famille en apparence comme tant d'autres : la raquette. Qui, dès les premières années, ne me quitte pas.

Dès mes premiers pas, j'ai une raquette en bois à la main. À quatre ans, je tape des balles contre un mur. À l'école, vu mon insistance inébranlable et le peu d'intérêt que je manifeste pour jouer avec des copains, on me permet de le faire pendant les récréations, sauf que je bouche régulièrement les gouttières avec mes balles, au point qu'on demande à mes parents de calmer autant que possible mes ardeurs tennistiques.

Mais rien n'y fait. Le virus est là, en moi, dans mon A.D.N., qui vibre dans chacune de mes cellules en permanence. Et l'avenir ne va qu'en confirmer la virulence.

Dès le départ, l'école n'est pas mon fort, et cela se confirmera au fil des années. J'y vais comme tous les enfants de mon âge, par habitude, par obligation, parce que les parents insistent. Je ne prends du plaisir, encore et toujours, qu'une raquette à la main.

J'ai enfin une vraie raquette, ma première, à six ans. À l'époque, il n'y en a pas pour enfants, alors c'est une grande, que je manie aussi bien que possible, réalisant peu à peu que je suis plus adroit de la main gauche que de la droite. Et je renvoie les balles aux murs, encore et encore. Et pour ne rien faire à moitié, déjà, je dors avec ma raquette !

Quand on va au club, où mon frère et mes sœurs jouent déjà, je suis ma mère partout, même quand elle donne des cours. J'attends qu'elle ait fini pour taper quelques balles. Elle racontait d'ailleurs : « Lorsque je donnais des cours collectifs, il était toujours là. Il avait deux défauts : il traînait toujours sa raquette comme un balai et il montait au filet. Lorsqu'il était au fond du court, je lui disais : “Si tu montes, j'arrête.” Trois secondes après, il était là. Il avait une casquette, on ne le voyait pas. Il n'était pas plus haut que le filet. Le soir, nous attendions que le gardien arrose un court pour le faire jouer. Alors, on utilisait les six courts l'un après l'autre. »

Marc Cavallini, qui entraîne alors mes sœurs et mon frère, me regarde taper dans les balles de toutes mes forces, avec un grand sourire. Moi, c'est mon frère Frédéric qui m'entraîne. On va aussi aux compétitions, quand l'un des enfants a un match. Je m'y vois déjà ! Mes idoles sont Björn Borg, Roscoe Tanner. Jusqu'au jour où tout s'enclenche, comme si c'était écrit.

Sans que je le sache, Guy Larcade, entraîneur du grand club de Vincennes, a téléphoné à ma mère. Il a entendu parler de moi et lui demande de me faire venir jouer dans son club. Il dit avoir un jeune entraîneur qui pourrait me faire progresser, du nom de Patrice Hagelauer. Sans hésiter, y voyant une réelle opportunité pour moi, ma mère accepte et je commence à y aller régulièrement tous les jeudis.

Je ne le sais pas encore, mais cette rencontre avec « Hagel » est la première des trois ou quatre vraiment déterminantes, qui vont forger ma carrière. Il est le premier à comprendre vraiment que je suis *fait pour ça* : « Henri, je l'ai connu quand il avait six ans… j'étais à l'INS, je faisais mes études pour être professeur de gym… tous les mercredis après-midi, j'allais au club municipal de Joinville donner des leçons de tennis, je m'occupais de l'école de tennis, et la maman d'Henri était éducatrice…

Il était vraiment tout gamin. Et ce qui moi m'étonnait, ce que je trouvais absolument extraordinaire, c'est qu'il avait cette facilité gestuelle qui surprenait tout le monde. Mais ce qu'il y avait encore de plus surprenant, c'est qu'il ne s'arrêtait pas de jouer.

On était là tout l'après-midi, avec la maman, et plein de gamins autour, on jouait entre 14 h et 18 h, et Henri passait dans tous les groupes, tout le temps. Il était là tout l'après-midi et il jouait sans arrêt. »

Avec lui, deux heures par semaine, je découvre ce qu'est un véritable entraînement avec les premières machines lance-balles. À partir de là, tout va changer.

Ma mère commence à m'emmener dans les tournois. D'abord, quand toute la famille est en vacances l'été à Saint-Malo. Avec mon frère et mes sœurs, on s'inscrit à tous les tournois sur les plages. Dès dix ans, j'enchaîne les matchs, et déjà une évidence s'impose : je n'aime pas perdre. Au point qu'il faut me presser de serrer la main de mes adversaires vainqueurs en fin de match.

Je découvre aussi que j'aime voyager, me rendre dans des villes inconnues, découvrir d'autres endroits. Avec peut-être déjà, en sommeil, une âme de globe-trotteur qui trouvera à s'exprimer bien plus tard.

En attendant, la fièvre du tennis emporte toute la famille : ma sœur Sabine est classée 2/6, et Frédérique, -15 et elle aussi gauchère, devient championne de France benjamine.

Les mois, les années passent, de matchs en tournois, où j'attends chaque fois avec impatience de laisser libre cours à ce qui constitue une vraie passion. Je vais toujours à l'école, mais je m'ennuie, je ne fais pas mes devoirs et ne pense qu'aux entraînements.

Quand vient le temps des rédactions, j'ai de très bonnes notes... en parlant du tennis ! Quant aux maths, une seule bonne note suffit à me désintéresser de tous les autres cours, quitte à ne pas aller aux interrogations écrites, considérant que l'essentiel est fait.

Un jour, je reviens à la maison avec un bulletin plus que moyen. Mon père, le visage fermé à la Lino Ventura, après une claque dont je me souviens encore, me promet une récompense « adaptée » en guise de cadeau pour le Noël approchant… ce sera un simple album photo !

Cela ne m'empêchera pas, plus tard, d'être un animateur hors pair, avec une forte personnalité et déjà un vrai caractère, semant parfois une belle pagaille, jouant avec les extincteurs ou faisant sans arrêt des blagues avec mes potes des classes supérieures. Ce qui me vaudra d'être renvoyé à plusieurs reprises pour comportement incompatible avec la bonne tenue des cours et l'ambiance feutrée d'un établissement scolaire.

La seule chose qui compte vraiment pour moi, c'est que je fais mes premières « perfs », d'abord en battant un « négatif » âgé de quarante ans à Villemomble, puis au stade Jean-Bouin, près du mythique Roland-Garros, où je gagne mon premier tournoi. Un nouveau cap est franchi.

Rejoindre les meilleurs

Au collège, mon professeur principal convoque mes parents. Il va être question de ma future orientation.

Sans détour, compte tenu de mes résultats plus que moyens et de mon manque évident de motivation pour les études, le professeur conseille de m'orienter vers la seule chose qui me passionne réellement, à savoir le tennis.

Conscients de mes résultats prometteurs sur les courts depuis déjà quelque temps, mes parents acceptent sans hésiter. Il est donc décidé de me faire entrer en sport-études.

Sans encore bien m'en rendre compte, ma vie bascule. J'aimais le tennis plus que tout, en entrant à l'Insep[1] je vais l'adorer.

À la rentrée suivante, c'est une autre histoire qui commence, avec d'autres enjeux. On ne rigole plus, c'est du sérieux. D'autant plus qu'à la Fédération Jean-Paul Loth et Jean-Claude Massias ont bientôt un œil sur moi et demandent à Frédéric Roche de m'entraîner physiquement.

Jean-Paul Loth, très humain, sera l'un des tout premiers à croire en moi, totalement à l'écoute et d'un soutien constant, jusqu'à instaurer entre nous une réelle complicité qui va m'accompagner durant des années.

Je n'ai que douze ans, et brusquement le temps s'accélère.

Ma passion prend désormais une tout autre envergure, avec l'ambition affirmée de jouer parmi les meilleurs. Comme s'il était temps, après déjà quelques années à taper dans des balles, de passer aux choses sérieuses.

---

1. L'Insep – Institut national du sport, de l'expertise et de la performance – est, depuis 1975, un acteur incontournable de la politique sportive du haut niveau en France et le centre d'entraînement olympique et paralympique de référence du sport français.

Ces moments de notre histoire, où tout s'enchaîne comme par magie, nous ouvrent la voie vers ce que l'on est, ce à quoi on aspire plus que tout. Tout est là, en place. Sans réfléchir, on sait que c'est le bon moment pour franchir une nouvelle étape.

Ces évidences jalonnent notre trajectoire, pour nous mener vers ce que l'on sait et doit faire. Tels sont les rouages d'une machine s'enclenchant soudainement, sans que l'on intervienne, pour donner un autre rythme à une production en cours.

Le temps me porte. Le plaisir intense de tout donner pour le tennis me fait vibrer comme jamais. Je continue de suivre quelques cours d'enseignement général, mais c'est raquette à la main sur les courts et en préparation physique que je m'épanouis vraiment, dans une ambiance incroyable entre jeunes de mon âge toutes disciplines confondues, où tout est prévu pour la progression et la quête permanente de la performance.

Comme une bonne nouvelle n'arrive jamais seule, ma sœur Frédérique, très douée et déjà championne de France benjamine, entre aussi à l'Insep, où je ne serai donc pas seul parmi les sportifs de haut niveau en devenir.

Cerise sur le gâteau, l'Insep, en plein bois de Vincennes, est à moins de vingt minutes de notre maison au Perreux-sur-Marne, si bien que nous resterons en relation étroite avec nos parents, qui pourront nous amener à tout moment ce dont nous avons besoin.

Frédérique et moi connaissions les entraînements de Patrice Hagelauer, mais à l'Insep on entre dans une autre dimension. Pour moi qui suis physiquement assez fluet, le défi physique devient permanent, me conduisant souvent à travailler plus que les autres, sous la direction de Frédéric Roche, un entraîneur fantastique qui me fait progresser rapidement. À cette époque, c'est simple, on ne fait pas dans la dentelle : on ne s'économise pas et il faut envoyer du lourd, que tu sois maigrichon ou non.

Bien que Frédérique soit avec moi, le départ de la maison, que l'on a pourtant souhaité, est dur au début. Ma mère vient nous voir régulièrement, elle nous apporte des gâteaux, mais je pleure souvent la nuit, sans bien sûr montrer aux autres combien l'éloignement de la famille est difficile ; je mets un point d'honneur à ne pas lâcher. Bien souvent, Frédérique en est le seul témoin, quand elle ne s'absente pas pour des compétitions, elle qui a déjà un avenir très prometteur.

Il faut faire avec le côté fantastique de vivre une expérience de très haut niveau et parfois la souffrance d'une solitude d'adolescent éloigné du noyau familial. On réalise alors la chance d'avoir nos parents si près, ce qui n'est pas le cas de beaucoup de nos amis sportifs à l'Insep, qui le vivent forcément plus difficilement encore, certains en venant à décrocher rapidement avant de retourner chez eux.

À l'Insep, on découvre la « culture de l'excellence ». Il y a les moments extraordinaires, les moments douloureux, avec même parfois une certaine violence morale, mais on est là pour être les meilleurs. On a été repérés et choisis pour ça !

Et moi, du haut de mes douze ans, j'en veux ! J'y crois ! Je veux être au top, entrer dans les dix meilleurs joueurs au monde. C'est la passion à l'état pur. Alors je me bats. Je souffre en silence. Et forcément, je progresse. Dépasser la souffrance est un peu notre secret, notre leitmotiv au quotidien. C'est ça la magie de l'Insep.

On découvre le sens de l'équipe, comment jouer avec et pour les autres, ce que signifie être un leader, comment le devenir. Et aussi, à chaque victoire, le plaisir intense de la « gagne ».

L'Insep est alors une véritable pépinière de talents. L'ambiance est géniale entre joueurs de tennis et avec les sportifs des autres disciplines. Je me frotte tous les jours à ceux qui deviendront des amis de longue date, Jérôme Potier, Christophe Lesage... Thierry Tulasne est très tôt l'un d'eux, incroyablement précoce et doué, doté de l'ambition hors norme des « gagneurs viscéraux » comme Connors ou McEnroe, qui lui vaudra d'être champion du monde junior en 1980 et plus tard numéro dix mondial. Malheureusement, une blessure à la hanche mettra fin à une carrière qui s'annonçait exceptionnelle.

Moi, pour l'instant, à force de toujours chercher les lignes, je suis « numéro un des bâches » ! On essaie bien de me faire jouer comme lui, mais pour moi c'est contre-nature. J'obéis pendant les cours avec les entraîneurs, mais après je vais taper des balles avec mon frère et laisse libre cours à mon propre jeu, en prenant davantage de risques.

Trois années à l'Insep, au bâtiment E, vont m'enrichir d'une expérience que je n'aurais pu trouver nulle part ailleurs. Dans un milieu consacré à la performance, j'ai beaucoup appris et, en plus du plaisir de jouer, toujours intact, j'ai découvert mes potentiels, l'envie insatiable de progresser, de franchir de nouveaux caps, de monter dans les classements. De gagner, encore et encore.

L'alignement des planètes

Pour évoquer ce qui fonctionne bien, à un moment donné, dans les meilleures conditions possibles, quelles que soient les circonstances, je parle souvent de *l'alignement des planètes*, comme si soudain l'univers mettait son grain de sel dans ce qui nous arrive pour que s'accomplisse le meilleur.

Avec le recul, je pense que le premier *alignement* pour moi a été l'entrée dans cette famille où j'ai vécu une enfance heureuse, avec un père souvent lointain et une mère très stricte mais qui a su me transmettre l'amour du tennis, dans une ambiance joyeuse auprès de mon frère et mes sœurs. Avec comme fil conducteur le plaisir intense, chaque jour renouvelé, de taper des balles durant des heures.

Mon entrée à l'Insep a été un moment tellement fort dans mon adolescence que j'y vois forcément, avec évidence, un autre *alignement des planètes*. Il fait partie de ces événements où tout s'enclenche comme par magie pour vous orienter vers ce que vous avez à faire et, peut-être, ce pour quoi vous êtes fait. J'ai tellement grandi durant ces trois années, dans tous les domaines, que cela ressemble à un chemin tout tracé pour me conduire vers un avenir hors du commun.

Et de fait, à peine étais-je sorti de l'Insep qu'un nouvel *alignement* se profilait déjà, qui cette fois allait nourrir les espoirs du jeune Henri bien au-delà de ce qu'il imaginait alors.

Fort de tout ce que j'ai appris à l'Insep, c'est maintenant à Roland-Garros que je vais m'entraîner, au Centre national de la Fédération française de tennis, qui met à la disposition des jeunes toute une infrastructure regroupant des entraîneurs, des centres de soin, des éducateurs.

Dans ce lieu mythique du tennis, je prends conscience qu'un nouveau cap est franchi, avec la sensation grisante d'entrer dans la « cour des grands ».

À cette époque, je n'obtiens pas de très bons résultats sur les cours, si bien que la Fédé prend quelques distances et me suit un peu moins. Je ne le prends pas très bien, j'ai la sensation d'être un peu lâché, abandonné. Alors, entre les entraînements, je traîne dans Roland-Garros, je m'imprègne du lieu, avec la secrète et tenace envie d'y accomplir un jour de grandes choses. Comment ne pas en rêver, alors qu'à peine âgé de seize ans j'y suis déjà ?

C'est alors, sans prévenir, qu'une nouvelle fois les planètes vont s'aligner et me propulser dans un univers qui a toutes les apparences d'une « autre dimension ».

La rencontre

Dans la vie de tous les jours, on est tous un peu pareils. En tous lieux et en toutes circonstances, on croise des gens. Des hommes, des femmes, des enfants qui vont et viennent dans leurs trajectoires, chacun la sienne.

Quelquefois, on fait des rencontres, souvent par hasard ou bien pour des raisons qui nous semblent anodines au premier abord, et qui ensuite prennent un sens particulier. C'est un peu le sel de la vie, au gré des jours qui se succèdent et de nos activités quotidiennes.

C'est ainsi qu'un jour, sans que rien ne l'ait annoncée, c'est « LA » rencontre. De celles qui, une fois ou deux dans une existence, bouleversent tout et donnent subitement un autre sens à votre avenir.

On est en 1979 quand, un beau matin, alors que je me promène dans Roland-Garros, je vois approcher une silhouette que je reconnais aussitôt. L'homme, robuste et un peu effrayant avec son gabarit de hockeyeur sur glace et ses imposantes moustaches, me détaille du regard et vient se planter devant moi. Sans le savoir encore, ma vie vient de basculer.

Ion Ţiriac, joueur roumain de renom depuis des années[1], est également entraîneur. Il me dit qu'il m'a vu jouer et me demande si je ne veux pas venir taper

1. Ion Ţiriac : joueur de tennis professionnel. Remporte un tournoi en simple messieurs, et vingt-sept titres en double, dont Roland-Garros en 1970.

des balles avec Guillermo Vilas[1], alors numéro deux mondial.

Une fois la surprise passée, on commence quelques entraînements. Très vite, on remarque que Vilas a beaucoup de mal à retourner mon service de gaucher. Je joue avec lui une heure le premier jour. Puis deux heures le lendemain. Et bientôt, de fil en aiguille, tous les jours. Deux heures de coup droit, deux heures de revers, etc. En fait, Ţiriac en profite pour me tester.

Si bien qu'au bout d'une quinzaine de jours il me demande si je veux rejoindre son groupe et propose de rencontrer mes parents.

Alors que j'étais un peu désœuvré dans les allées de Roland-Garros, la rencontre avec Ion marque une fantastique opportunité, dont mes parents vont bientôt prendre toute la mesure.

Lorsque j'annonce à ma mère que je vais venir manger à la maison avec Ion Ţiriac et Guillermo Vilas, elle décide de mettre les petits plats dans les grands pour le jour où nous arriverons après l'entraînement.

Face à mes parents, Ion est alors très direct, avec son accent un peu rocailleux : « Moi parler avec vous… moi occuper d'Henri… prendre Henri avec moi, avec Guillermo, pour devenir champion… »

---

1. Guillermo Vilas : joueur professionnel de 1970 à 1992. Remporte soixante-deux titres en simple messieurs sur le circuit ATP, dont quatre tournois du Grand Chelem.

Bien que plus petit que Ţiriac, mon père ne se laisse pas impressionner. Il accepte, à la condition de jeter un œil sur les contrats.

Ce qui était encore impensable quelques semaines plus tôt vient de sceller mon avenir de tennisman. Au terme de quelques minutes d'échanges avec ma famille, je viens d'intégrer la très brillante équipe de Ion Ţiriac, qui dès lors devient mon agent et mon entraîneur, et le restera durant cinq ans.

Une nouvelle fois, les planètes se sont alignées. Maintenant, c'est à moi de jouer, et je vais y mettre toute mon ardeur.

Dans les semaines qui suivent, je suis pris sous l'aile de Guillermo, et dans le groupe se trouve aussi Ilie Năstase[1], autre grand champion que coache Ion.

Ţiriac m'apprend à m'entraîner, ce qu'il faut faire et ne pas faire sur le terrain, et aussi à m'habiller, à respecter les gens, à parler aux sponsors, à avoir toujours deux vestes et deux cravates pour être irréprochable hors du terrain. Il remplissait tous les rôles : il discutait les contrats, retenait les courts d'entraînement et les billets d'avion. Il s'occupait de tout. Il m'a appris à poser mon jeu et aussi à prendre des risques. À cette période, il fallait me calmer, car j'étais vraiment enragé sur le court. Un peu comme une leçon de vie exceptionnelle que m'offrirait un second père.

---

1. Ilie Năstase : joueur de tennis professionnel. Devient numéro un mondial au classement ATP, remporte quatre-vingt-sept titres en simple messieurs, notamment l'US Open en 1972 et Roland-Garros en 1973, et gagne également cinquante-cinq tournois en double.

Je découvre une vraie discipline. Ion n'y va pas par quatre chemins sur la rigueur qu'il souhaite imposer et me prévient dès le début : « Si tu fumes, si tu bois, si tu te drogues... je te tue ! » Ce sont bien sûr des grands mots, mais ça fout quand même la trouille quand c'est dit avec sérieux les yeux dans les yeux, et qu'on n'a que dix-sept ans.

Ce que je ne sais pas encore, et que je vais vite découvrir, c'est qu'il y a un prix à la rencontre et à l'encadrement de rêve. On n'accède pas à un réel niveau de performances sans placer bien plus haut la barre de l'exigence. La « méthode Ţiriac » ne fait pas simplement mieux jouer au tennis, elle endurcit le corps et forge un mental.

À l'Insep, je pensais avoir connu la souffrance des entraînements, mais là je vais atteindre des extrêmes dans la douleur et les sacrifices. Ion est intraitable : « Tu joues jusqu'à ce que tu aies des crampes ! » Mais je n'ai jamais de crampes, alors les séances d'entraînement deviennent interminables, six, sept, huit heures par jour. Souvent, on s'arrête à peine quelques minutes pour manger un simple sandwich sur le terrain, avant de reprendre et de continuer à s'entraîner comme des bêtes jusqu'à la fin de la journée pour casser nos défauts et améliorer encore et encore ce qui peut l'être.

Tout gamin à qui on donne les moyens d'assouvir sa passion dans un sport, de progresser, de développer son potentiel dans un environnement approprié ne rêve que d'une chose, jour et nuit : gagner !

Les semaines, les années se succèdent, l'envie enfantine puis adolescente prend bientôt conscience de l'exigence à laquelle il faut s'élever, des obligations et des sacrifices auxquels il faut se plier pour repousser ce que l'on croyait être nos limites et trouver en soi la force d'approcher les meilleurs.

Dompter le corps, repousser les souffrances à l'extrême, surmonter les échecs, s'entraîner interminablement à peaufiner les moindres gestes, plus que les autres si possible, ne penser qu'à cela, tout est là ! Dans cette obsession de l'excellence à atteindre, de la performance à accomplir, compétition après compétition, qui avec le temps forge le mental à toute épreuve d'un champion.

CHAPITRE 5
Flash-back

Allongé sur l'herbe du grand jardin d'un ami, un après-midi de printemps, le temps semble s'être arrêté. Dans le ciel, quelques nuages courent sur un fond de bleu intense. Tout autour de moi, dans un souffle de vent et le chant des oiseaux, la nature explose de vie.

Quelques images de Ion Ţiriac me reviennent en mémoire. Et le sourire me gagne. Cet homme, que l'on a souvent considéré comme bourru et distant, outre le fait d'avoir été un grand joueur et un entraîneur confirmé, aura été pour moi comme un second père. À la fois très dur dans le travail – m'aidant à atteindre le cinquième rang mondial – et très sensible et proche dans la vie, attaché à de vraies valeurs d'amitié et de fraternité qu'il a su me transmettre. Un confident aussi, bien des fois, m'apprenant à dépasser mes moments de doute pour revenir à mon meilleur niveau.

En comprenant très tôt quel était mon potentiel, ce que j'avais en moi d'exceptionnel, Ion aura été plus qu'un simple coach de tennis, plutôt un véritable « coach de vie », à qui je dois beaucoup de ce que je suis aujourd'hui. Les cinq années passées auprès de lui m'ont fait grandir, m'ont forgé et se sont finalement ajoutées à mes racines.

C'est aussi ce que raconte ce peuplier immense qui s'élève vers le ciel non loin de moi, alors que coassent quelques grenouilles au bord de l'étang. Ce sont nos racines qui nous portent vers demain, vers la suite de notre existence. Pour ce grand arbre, c'est aussi élémentaire qu'essentiel. Il puise dans le sol, l'eau et le soleil ce dont il a besoin, mais tout ce qui concourt à le faire s'élever dans le ciel en quête de lumière vient d'abord de ses racines.

Nous en sommes tous là. Vous, moi, tous ceux qui nous entourent. On existe ici, maintenant, mais c'est d'abord d'où l'on vient, nos racines, l'origine de notre histoire qui racontent qui l'on est. L'oublier, ou vouloir le masquer, c'est quelque part se renier et perdre un peu de son identité. Qu'on le reconnaisse ou non, c'est gravé en nous à jamais, telle une part de nous-même qu'il nous faut forcément assumer un jour ou l'autre.

Porter le prénom du père de mon père, qui venait de la DDASS tout comme sa femme, être né un 4 juillet – date qui résonne subtilement avec un certain *Independence Day* dans un milieu où l'on parle peu – ou encore le fait d'être gaucher sont autant de particularités qui n'ont rien à voir avec le hasard. On peut y voir des synchronicités qui justifient les liens privilégiés que j'entretenais avec mon grand-père et l'indépendance que j'ai pu développer à l'égard du giron familial. Ce sont « mes » racines. Celles-là mêmes qui, bien avant toute éducation, ont forgé une sensibilité à fleur de peau, quelques angoisses, une peur de l'abandon et son corollaire, un immense besoin d'être aimé. Sans oublier une énergie à revendre, l'envie de conquérir le monde, voire de le sauver ! Force et fragilité, alternant les hauts et les bas... histoire d'une vie.

Tout est là, très tôt, en chacun de nous. Bien avant qu'on le sache, qu'on le comprenne et qu'on l'assume. C'est pourtant ce qu'il va falloir faire, tout au long de notre existence, pour la rendre plus heureuse, plus épanouie et plus sereine au fil des ans.

Dans la carrière d'un sportif de haut niveau, on ne voit souvent que ce qui brille, les victoires exceptionnelles, les résultats qui marquent l'histoire et qui vous font entrer au panthéon d'un sport. Finalement, ce que les médias privilégient de montrer à un public de passionnés.

On ne s'intéresse guère à ce qu'il a fallu faire et endurer pour en arriver là. En un sens, c'est bien normal, on se soucie rarement de tous ces « détails » qui ponctuent la vie d'un champion, tant on pense généralement que seuls ses résultats comptent et sont réellement dignes d'intérêt. C'est pourtant là, dans l'ombre de la vie de tous les jours, d'une préparation aussi intense que permanente, que tout prend forme.

La « période Ţiriac » va tout changer. À dix-sept ans, je découvre l'univers du tennis professionnel, avec la sensation d'entrer dans un autre monde.

Dans le grand bain

Alors que les jeunes de mon âge ont habituellement en tête les noms des villes où ils partent en vacances, pour moi ce sont les lieux mythiques du tennis où je fais mes premières armes sur le circuit ATP qui résonnent comme autant de découvertes fascinantes : Roland-Garros, Zell am See, Bordeaux, Royan, Paris-Coubertin, Johannesburg.

Tout prend rapidement une autre dimension. Le gamin haut comme trois pommes qui traînait sa raquette en bois par terre, « Henri le gaucher », est en train de devenir celui que le monde du tennis considère maintenant, très sérieusement, comme « le phénomène Henri Leconte », notamment lorsque je remporte le titre junior à Roland-Garros en 1980.

Au fil des mois, l'expérience s'affine et s'affirme. Sous la direction de Ion Ţiriac, le travail acharné commence à payer et produit ses effets, à Parioli, dans le cadre mythique de Wimbledon, à Bologne, Sydney, Bournemouth, Madrid, Hambourg, Rome, au Queen's, à Bristol, Kitzbühel, au Canadian Open, à Cincinnati, à l'US Open, Bâle, Stockholm, Wembley.

À dix-huit ans, je vis ma première Coupe Davis, contre les États-Unis... le rêve ! Je ne le sais pas encore, mais la Coupe Davis et son ambiance fabuleuse, qui plus est avec l'honneur de représenter la France, resteront un temps fort tout au long de ma carrière[1].

Je découvre aussi que j'adore voyager, explorer des villes, des pays nouveaux, rencontrer des gens dans la fièvre du haut niveau tennistique, dans les soirées où l'on croise les grands noms du tennis mondial. Un peu à l'image du globe-trotteur qu'a été mon père toute sa vie pour son travail.

J'aime partager, communiquer, faire la fête, sous le regard acéré de Ion qui veille au grain pour empêcher les excès de son protégé en qui il fonde beaucoup d'espoir. Sans encore m'en parler, fort de son instinct, lui sait déjà que certains me surnommeront bientôt « l'homme au bras d'or ».

Fin 1981, après m'être illustré à Sydney et avoir battu Wilander à Wimbledon, la presse internationale ne tarit pas d'éloges à mon sujet. Un quotidien australien n'ira pas par quatre chemins, allant jusqu'à me considérer comme le successeur du grand Rod Laver !

1982 marque l'entrée dans une autre dimension. Après avoir joué ma première Coupe Davis à Grenoble – que l'on perd, mais qui me permet de jouer contre John McEnroe et Gene Mayer –, puis remporté vingt-trois matchs d'affilée sur le circuit Dunlop, avant d'empocher le Masters à Lyon et une première victoire

1. En vingt-sept rencontres de Coupe Davis, de 1982 à 1993, je remporterai quarante-et-une victoires, vingt-quatre en simple et dix-sept en double.

en Grand Prix à Stockholm contre Wilander, j'entre dans le top 100 et me classe quatre-vingt-cinquième à l'ATP.

Alors que je n'ai que dix-neuf ans, tournois et victoires s'enchaînent à un rythme soutenu, me permettant de me hisser rapidement au vingt-huitième rang mondial. La presse tennistique s'interroge sur mon avenir : « Jusqu'où ira-t-il ? »

L'un des grands moments de ma jeune carrière se déroule en 1983, quand je rencontre Björn Borg, mon idole de toujours, dont j'ai passionnément suivi tous les matchs, et que je rêve secrètement d'affronter sur un court. Lorsque je l'ai face à moi, à Monte-Carlo, on laisse entendre que c'est son tournoi d'adieu au tennis, mais il est loin d'être sur le déclin et la bataille est féroce, jusqu'à ma victoire au tie-break du troisième set. Je le retrouverai l'année suivante, à Stuttgart, gagnant à nouveau, cette fois en deux sets.

1983, c'est aussi l'année où Yannick Noah remporte Roland-Garros. Yannick, le grand frère, le modèle, que j'ai si souvent voulu égaler.

Alors, forcément, après déjà pas mal de brillants résultats, je me dis : « Pourquoi pas moi ? »

Ça y est, je suis dans le grand bain avec les meilleurs mondiaux. Avec des gens, des professionnels et leur entourage, qui sont presque tous plus âgés que moi, avec qui je vis, j'échange des choses incroyables. Un peu comme les réseaux sociaux d'aujourd'hui, mais en *live*, en une accélération de tous les instants qu'on a du mal à imaginer si on ne l'a pas vécue.

À vingt ans, je me vois continuer à monter dans le classement ATP dans les dix années à venir et, pourquoi pas, exploser les meilleurs sans plus de limites. Je suis à la fois emporté et grisé par ce qui m'arrive, tellement c'est fantastique jour après jour, comme dans un rêve. Par moments, cela fait un peu peur, parce que je ne maîtrise rien, mais je croque chaque nouveauté à pleines dents, sans retenue, parfois jusqu'à être à moitié groggy en réalisant ce qui m'arrive.

Comme je suis plutôt extraverti, je partage ces plaisirs avec tous ceux qui m'entourent. Et tout ça, avec Ion et Guillermo, de ville en ville, de tournoi en tournoi, dans ce qui ressemble à une famille, avec encore et toujours un seul et même but : gagner !

Les planètes… le retour !

On sait bien, et tous les grands initiés nous le disent, que rien ne dure pour toujours. Le changement est dans la nature humaine, au cœur de notre existence dans tous les domaines. C'est à la fois enrichissant, en nourrissant les expériences de notre vécu au fil des minutes, et déstabilisant tant on s'habitue facilement à ce qui nous paraît enfin équilibré et générateur de bien-être.

L'alignement des planètes qui m'a fait rencontrer Ion Ţiriac m'a été profitable et fructueux au-delà de tout ce que j'aurais pu imaginer. Ces cinq années m'ont fait gagner en maturité à une vitesse incroyable, et pas seulement dans mon jeu sur les courts.

En à peine une soixantaine de mois, ma vie d'adolescent s'est muée en une trajectoire d'adulte incomparable, parsemée de réussites professionnelles majeures et de rencontres fascinantes, de moments mémorables dans des milieux très différents, d'aventures humaines longues ou passagères toutes plus riches les unes que les autres, qui m'ont « appris la vie » comme aucune éducation traditionnelle n'aurait pu le faire.

Les voyages, les pays découverts aux quatre coins du monde, les tournois où des milliers de spectateurs scandaient mon nom, les lieux de rêve et les fêtes fabuleuses, toujours avec le clan Ţiriac comme cadre et référence majeure, m'ont ouvert les portes d'un monde où aucune limite ne semblait exister, où tout était possible. Avec parfois la sensation de vivre un rêve éveillé.

Mais vient un jour, forcément, où il est temps de passer à autre chose. Où ce qui vous a nourri longuement ne parvient plus à vous faire vibrer comme avant, au gré de signes qui peu à peu se multiplient et qui ne trompent pas.

Par moments, on sent que le cœur n'y est plus, que l'on ne s'investit plus de la même manière, que les autres ne répondent plus à nos attentes comme avant, aussi intensément qu'aux premiers jours d'une complicité nouvelle. On ne le perçoit pas encore très clairement, mais cela signifie que le temps a fait son œuvre, que la période qui nous a tant apporté touche à sa fin.

L'année 1983 est de celles-là. Avec encore de très belles réussites, mais aussi, déjà, en filigrane, les prémices d'un changement qui va bousculer pas mal de choses.

Le premier grand moment de cette période est ma séparation avec Ion.

Cela fait maintenant quatre ans que nous travaillons ensemble. Nous y avons trouvé, l'un et l'autre, énormément de plaisir et de satisfactions.

Plus qu'un simple rapport d'entraîneur à joueur, c'est d'homme à homme que nous sous sommes appréciés, respectés. Pour son écoute, tant dans le travail que dans la vie en dehors, son côté profondément humain, la complicité qu'il a su introduire entre nous, et bien sûr son immense compétence professionnelle, il a été, il est et il restera toujours un homme qui compte beaucoup pour moi.

En me poussant au-delà de ce que je pensais être mes limites physiques et tennistiques, il est certainement la personne qui, à cette époque, a le plus contribué à me révéler à moi-même. Et lui aussi a trouvé enrichissante notre histoire commune. Il trouvait incroyable de constater avec quelle rapidité je comprenais, malgré ma tendance à vouloir trop vite finir le point. « C'était vraiment un grand travailleur… c'est un très grand tennisman… Leconte n'a pas besoin de motivation, la responsabilité lui suffit… Il a apporté au tennis des choses extraordinaires : c'est un *shotmaker*, capable de sortir un coup gagnant qui n'existe pas dans le répertoire officiel du tennis… » disait-il. Selon lui, j'avais gagné la place que je méritais dans l'histoire du tennis français… et je faisais partie de l'une des meilleures périodes de sa vie.

Durant les deux dernières années de notre collaboration, Ion a été moins présent. Il a intégré Boris

Becker dans son équipe, à qui il promettait un grand avenir et accordait tout son temps comme entraîneur. Se contentant de rester mon manager, il a laissé les rênes de mes entraînements à Sever Dron. Nous avons continué à nous apprécier énormément, mais notre relation professionnelle s'est peu à peu distendue.

Quand Ion sort de mon quotidien, c'est une période phare de ma jeune carrière qui prend fin. Sans nul doute la plus fabuleuse, fascinante et enrichissante que j'aie vécue à vingt-deux ans.

Même si je suis encore très « tendre » dans bien des domaines, j'ai mûri, vieilli, trouvé ma place dans le tennis français et le classement ATP au niveau mondial. J'ai gagné en estime de moi et en assurance, j'ai appris à canaliser l'énergie qui autrefois me faisait taper dans la balle comme un malade sans discernement, mais je réalise aussi qu'au-delà d'un simple tuteur professionnel, c'est aujourd'hui d'un véritable second père que je m'éloigne.

Tout compétiteur et champion que l'on soit, le passé marque de ses empreintes la vie quotidienne et ses aléas. Alors on fait avec, et ce n'est pas toujours simple.

Il y a la vie privée, qui elle aussi, avec son long cortège de choix, d'imprévus et de rebondissements auxquels on doit faire face, prend du temps, occupe l'espace, impose ses rythmes et affecte forcément le déroulement optimal d'une carrière.

Il faut bien vivre en dehors des compétitions, c'est clair. Et on aime cela, on en a aussi besoin pour se libérer des impératifs liés au rang que l'on tient dans notre sport. Mais parfois, comme emporté dans le tourbillon de la vie mondaine – au sens d'être *dans le monde*, plutôt que dans le sport –, le poids de « l'extrasportif » prend des proportions inattendues.

La vie est faite de moments qui se succèdent, au jour le jour, dans un tourbillon incessant qui nous mène toujours plus loin.

Et parfois, il ne s'agit plus d'enchaîner les instants. C'est du passage d'une période à une autre qu'il est question, que l'on y soit préparé de longue date ou surpris par l'évidence du changement qui se présente à nous.

Une nouvelle fois, dans un alignement parfait, les planètes vont sembler m'orienter vers ce qui correspond le mieux à ce que je suis, vers ce à quoi j'aspire profondément, à savoir un retour à ce qu'il faut bien considérer comme « l'école de la vie ».

Et là encore, c'est par une rencontre que tout va commencer. De manière anodine, comme c'est souvent le cas, mais très vite avec une évidence qui va tout emporter dans ma vie jusque-là plutôt bien réglée.

Car l'éloignement de Ion n'est pas seulement lié à une lassitude de sa part, ou à la seule entrée de Becker dans son équipe, le rendant moins disponible. Mon mariage, courant 1984, y est aussi pour beaucoup.

CHAPITRE 6
Les rencontres

Dans toute vie, on évoque les rencontres qui un jour ou l'autre surgissent dans notre existence. Un fait, une image, un sourire, un texte, une émission, une voix… et encore bien d'autres possibles venant s'imposer soudainement face à nous avec une sorte d'évidence.

Une fraction de seconde, on est en pause. Puis très vite, tout s'enchaîne, et parfois s'emballe.

Mais est-ce bien de « rencontres » qu'il s'agit ? Car derrière ce terme générique se cachent en réalité de subtiles nuances. Est-ce totalement dû à un prétendu hasard, ou bien une sorte de rendez-vous impromptu, une confrontation aussi insolite qu'inattendue, ou peut-être des retrouvailles ? On peut aussi songer à une coïncidence. Mais au-delà des apparences, rien n'est aussi simple.

Les initiés ont coutume de dire que ce qui nous arrive vient à nous quand on est prêt. Ou encore que ce qui nous interpelle lors d'une « rencontre » est lié à ce que l'on a secrètement souhaité, dont on a intimement besoin, sans toutefois l'avoir pensé volontairement ou formulé concrètement. Dans tous les cas, cela signifierait que derrière chaque rencontre, quelle qu'elle soit, il y a du sens... et qu'à terme on doit pouvoir en tirer un enseignement.

Ma vie, depuis mon plus jeune âge, a été jalonnée de rencontres, toutes plus différentes les unes que les autres, qui ont plus ou moins influencé ma trajectoire.

Il y a d'abord eu mes parents, que j'ai appris à connaître, qui m'ont transmis tant de choses dans l'éducation qu'ils m'ont donnée ; mon frère et mes sœurs, qui ont accompagné mon enfance ; puis la plus grande de toutes, le tennis, ce sport magique à mes yeux qui allait illuminer mon existence durant des années ; mon entrée à l'Insep en a généré aussi de très belles, dont certaines se sont muées en amitiés durables ; et comment oublier ma rencontre avec Ion Ţiriac et son univers, qui m'ont fait grandir et découvrir le monde à une vitesse folle ?

Au fil des rencontres, l'adolescent hypersensible que j'étais a pris de l'assurance, s'est affirmé, a peu à peu remplacé les doutes et les souffrances par la confiance en lui et l'indéfectible persévérance à devenir meilleur. Les victoires sur les courts aux quatre coins du monde ont contribué à cette évolution qui bien des fois m'a semblé incroyable tant elle était à la fois fascinante et presque irréelle.

Certaines de ces rencontres ont été passagères, d'autres plus riches ou encore déterminantes au point de m'orienter judicieusement dans la réalisation pleine et entière de mon potentiel.

Et puis il y a eu celles qui, survenant comme à point nommé à divers moments de ma vie, ont bouleversé à plusieurs reprises le cours des choses avec une intensité inattendue. Au point de remettre ouvertement en question le précieux équilibre auquel j'étais parvenu.

Il est courant de dire qu'il ne faut pas trop s'appesantir sur son passé. J'ai appris – sans doute le privilège de l'âge – à prendre du recul avec un grand nombre de souvenirs qui longtemps m'ont hanté. Il faut savoir accepter, assumer les choix que l'on a faits, bien ordonner sa mémoire et aller de l'avant.

À trois reprises, des rencontres ont bousculé ma vie. J'ai eu la joie de devenir père quatre fois. Quatre enfants, deux beaux garçons et deux merveilleuses filles. Comme pour tout parent, cela vous fait grandir, et pour ma part cela a commencé tôt, à l'âge de vingt-trois ans.

Mais la célébrité et la notoriété ont parfois des conséquences que l'on n'imagine pas.

En 1984, j'ai vingt et un ans et suis considéré comme un tennisman de talent auquel on prédit un grand avenir. Avec le groupe Ţiriac, je me suis élevé au niveau des meilleurs mondiaux. Je ne vais pas refaire l'histoire, dont j'ai déjà parlé dans mes précédents livres. Juste un rappel qui me semble nécessaire pour bien comprendre comment, parfois, on se laisse emporter par une rencontre, une aventure qui, au-delà des apparences, va prendre une tournure bien différente.

Une fois encore, que les choses soient claires : je ne renie rien. J'assume mes choix et leurs conséquences. Mais aujourd'hui j'en tire des enseignements autrement plus réalistes qu'autrefois.

Comme tout le monde, j'adore être amoureux. Aussi loin que remontent mes souvenirs, depuis toujours j'ai ressenti le besoin d'être aimé. Avec cette particularité que je peux facilement laisser à l'autre, quand je l'idéalise, la conduite de notre couple, au point parfois de lui déléguer les grands choix de notre vie commune.

Avec ma première épouse, c'est exactement ce qui va se passer. Et pour ne rien vous cacher, avec les deux suivantes aussi !

Malheureusement, cela ne s'accommode pas forcément aux impératifs inhérents à une carrière de sportif de haut niveau. Et pour m'en convaincre, j'allais devoir en payer le prix fort.

Qui suis-je ?

Lorsqu'on passe d'une étape de sa vie à une autre, sans le percevoir vraiment, il y a toujours en filigrane une sorte de bilan qui se fait sur ce que l'on a vécu précédemment.

Le plus souvent, cela n'a pas plus d'importance que cela, et ne transparaît pas dans notre vie de tous les jours. Ce n'est qu'après, parfois bien plus tard, que l'on prend conscience de l'ampleur du changement qui s'est opéré lors du passage d'une période de notre existence à une autre.

Jusque-là, j'ai mené une vie plutôt privilégiée dans l'enfance, puis je suis tout de suite entré dans une dynamique axée sur la quête de la performance. Les années Insep, puis le travail de fond effectué par Ion ont fait de moi une « bête à gagner », gommant une adolescence classique pour me plonger très jeune dans le grand bain du tennis professionnel.

J'ai beaucoup appris, développé mes qualités physiques, affiné mon jeu, renforcé mon mental, toutes choses qui m'ont mené parmi les meilleurs mondiaux. Mais qui suis-je, en réalité ?

À vingt et un ans, bien qu'ayant quitté le giron familial à deux reprises, je suis encore très jeune. Affirmé dans mon tennis, mais si peu expérimenté dans les choses de la vie.

Les voyages, les pays découverts, les fêtes et les rencontres féminines dans les plus beaux endroits ont certes émaillé ces années, mais je reste le gamin qui a grandi trop vite sans prendre le temps de mûrir.

En dehors du tennis et de tout ce qui va avec, je ne connais pas grand-chose. Si je suis plutôt extraverti en public, au plus profond de moi je suis toujours aussi timide, peu sûr de moi à certains instants, ayant encore besoin d'être accompagné, guidé.

Je suis un gentil, généreux dans tout ce que je fais, à l'écoute des autres et cherchant toujours à être conciliant avec autrui. Cela me conduit souvent à accepter ce que l'on me propose, davantage pour faire plaisir que réellement pour moi, et j'y trouve toujours plus ou moins mon compte.

Je suis encore très « tendre » et influençable face aux exigences de la vie quotidienne que j'ai souvent déléguées aux autres, sans compter que je n'ai vécu sur le plan affectif que des aventures passagères et que je n'ai jamais réellement « expérimenté » la vie de couple. En bref, on pourrait penser que je n'ai alors pas beaucoup de personnalité, du moins dans ce que j'offre au regard des autres.

Bientôt, je me brouille aussi avec ma famille et Yannick, mon frère de toujours. Je vois moins souvent mes amis du tennis, qui disent fréquemment ne pas me reconnaître.

La libération et l'apaisement des premiers mois suivant mon mariage laissent place à un mal-être grandissant. Si je fais toujours bonne figure en public, et que j'accepte en privé les conseils avisés de ma femme, en mon for intérieur je ne me reconnais plus. C'était une période assez fantastique parce que j'étais moi sans être moi, et cela me ressemblait assez bien finalement ! Pour plus de cohérence, il aurait fallu que je réussisse un bon dosage entre ce que j'avais été et ce que je désirais être. Parvenir à garder les bonnes choses et en ajouter de nouvelles. Mais je n'y arrivais pas. Je n'avais pas le temps de réfléchir à tout ça. Entre les matchs, les entraînements, les voyages au bout du monde, les sorties, je vivais à quatre cents à l'heure.

Quand on est dans le bain, on nage, on avance. Jusqu'à ne plus en pouvoir. C'est un peu (beaucoup) ce qui me rattrape au fil des années, à mesure que cette aventure – qui voit naître notre fils Maxime – change ma vie et ce que je suis intérieurement, de telle façon qu'elle va me la rendre étrangère à moi-même.

Au bout du compte, pour l'instant, je suis toujours axé sur ma carrière et mes résultats, et tant bien que mal j'assume tout. À la fois de m'affirmer un peu plus, de communiquer avec davantage d'assurance, et la simplicité, la fantaisie et la folie qui ont fait de moi celui que le public adore sur les courts.

Je sens bientôt un grand manque m'envahir. Bien des gens se sont détournés de moi – ou moi d'eux – depuis que l'on a peu à peu fait le vide dans mon entourage, qu'il s'agisse de ma famille ou de mes amis du tennis.

Ion est resté le seul réellement présent et fidèle humainement parlant, avec qui parler, échanger. Pour m'avoir vraiment testé, compris, accompagné humainement si longtemps, pour avoir cru en moi dès notre rencontre jusque dans les moments les plus douloureux, lui sait, au-delà des soirées médiatiques et des articles de la presse people, qui je suis réellement derrière le personnage en apparence nickel, à l'image soigneusement pensée et peaufinée, que j'offre à présent aux médias.

Il a très bien compris où j'en suis, ce que représente ce mariage, qui en définitive l'éloigne de moi. Et peut-être, sans qu'il me l'avoue, le fait renoncer à m'envisager comme un numéro un mondial potentiel, par le simple fait de ne plus me voir consacrer avec une rigueur implacable la totalité de mon existence au tennis, jour après jour, année après année, comme l'ont fait avant moi les plus grands de l'histoire du tennis.

Même si je pense que cela peut être bénéfique pour mon évolution sportive, car je ne me vois pas en rester là sous prétexte que nous nous séparons, Ion et moi, et car je crois encore avoir des échelons à gravir, par moments ça passe mal. Le doute s'installe. Je vois déjà se profiler un nouveau challenge qu'il va falloir assumer, alors que je me sens parfois très seul dans ma nouvelle vie amoureuse, comme spectateur d'un « autre moi ».

J'en veux encore !

La séparation avec Sever Dron met un point final à ma « période Ţiriac ». Mais au-delà de la distance entre nous qui s'impose désormais, c'est une autre évidence qui émerge.

Je suis toujours là ! Je n'ai que vingt-deux ans et j'en veux encore ! Je ne peux pas me satisfaire de ce que j'ai appris avec Ion durant les quatre années magiques qui viennent de s'écouler.

Il m'en faut plus, toujours plus ! Je ne peux pas me satisfaire d'un entraîneur qui ne m'emmène pas plus loin que ce que j'ai déjà acquis. On dira plus tard que j'ai « épuisé » mes entraîneurs et c'est un peu vrai. Moi qui ai fait tant de choses, pris tant de décisions dans ma jeune vie simplement pour faire plaisir aux autres, question boulot je ne sais pas « rester » par politesse.

1985 restera pour moi comme une année marquante dans ma carrière, avec vingt-cinq tournois, quarante-six victoires et des moments très forts, dans le succès comme dans la défaite, face aux plus grands joueurs de l'époque, parmi lesquels Wilander, Becker, Tulasne, Lendl, McEnroe, sans oublier l'ambiance incroyable de Coupe Davis contre le Paraguay et la Yougoslavie.

Dans la joie comme dans la douleur, je me suis nourri des sensations et des émotions au fil des matchs, des points âprement gagnés ou perdus sur l'herbe ou la terre battue, et surtout j'ai continué à apprendre, encore et toujours, au contact des meilleurs. Ce que souligne alors la presse britannique après ma victoire sur Lendl en quart de finale de Wimbledon : « LE JOUEUR DE JAZZ FRANÇAIS A TROP BIEN JOUÉ POUR LE MAESTRO WAGNÉRIEN. Ivan Lendl, tête de série numéro deux, qui restait sur deux victoires à Wimbledon, a été battu hier en quatre manches (3-6, 6-4, 6-3, 6-1) par le Français Henri Leconte. Encore que le mot « battu » ne corresponde pas à la réalité. Lendl, en fait, a été abasourdi, démoralisé, voire totalement désespéré en fin de match devant cet adversaire tourbillonnant. Hier (2 juillet 1985), Leconte s'est imposé comme le joueur le plus capable de charmer Wimbledon depuis le Rod Laver de la grande époque – la comparaison n'a rien d'inconsidéré ; lorsque Leconte est inspiré, il a beaucoup en commun avec le légendaire gaucher australien.

Leconte est vif, il réussit des choses merveilleuses en revers et n'a guère de goût pour le compromis. Il aime vivre dangereusement sur le court, car, pour lui, le tennis ne vaut que s'il est une aventure.

C'en fut une hier. Sa dextérité et son naturel sont ceux d'un d'Artagnan ou d'un Athos. Certains points réussis par Leconte étaient d'une telle beauté que les spectateurs en ont eu plus d'une fois la chair de poule.

Il est le premier Français à atteindre les quarts de finale depuis Jean-Claude Molinari en 1959. On connaissait le jeu ordonné de Lendl, ses rythmes et ses schémas conventionnels. Leconte a balayé le bel ordonnancement. Il a gambadé comme un feu d'artifice, à mi-chemin entre génie et folie. Leconte joue du jazz hot : le tennis de Lendl, au contraire, est wagnérien.

Les bombes explosaient autour de lui, et Lendl comprit vite qu'il n'était pas en mesure de contrôler son destin… Son match gagné, Leconte envoya un baiser à sa femme et sa belle-fille, qui l'applaudissaient au bord du court. Un tel geste ne pouvait appartenir qu'à un Français[1] ! »

« L'après-Ion » débute en 1986 par un rapprochement avec Mark McCormack au sein du groupe IMG, mais en dépit des entraînements de Manolo Santana, je n'y trouve pas mon compte et mets rapidement un terme à notre collaboration.

Le changement, lorsque je sens que cela ne va plus, c'est un peu l'histoire de ma vie.

1. Article de Rex Bellamy, *The Times*, 3 juillet 1985.

En toutes circonstances, je sais, intimement, intuitivement, quand je suis arrivé au bout de ce que j'ai entrepris, mis en place ou toléré. Je vais mettre ensuite plus ou moins de temps pour en finir avec ce qui est en cours et passer à autre chose, mais quelque part, au plus profond de moi, c'est déjà acté.

La séparation avec McCormack ressemble aux précédentes, tant elle m'est rapidement apparue évidente. À partir de là, l'équation est simple : alors que je vais être engagé dans dix-huit tournois en 1986, dont deux manches de Coupe Davis (Bulgarie et Autriche), il me faut trouver la perle rare qui pourra à la fois me comprendre et me faire progresser.

Pas facile, compte tenu de mes exigences de performance et de mon tempérament toujours aussi bouillonnant dès que j'entre sur un court ! Et aussi des impatiences de Brigitte qui aimerait me pousser vers des choix de carrière stratégiques qui ne me paraissent pas aussi évidents.

Alors que je cherche dans mon entourage qui pourrait faire l'affaire, cette fois encore, semblant confirmer que je suis né sous une bonne étoile, mes vieilles amies les planètes vont me souffler la solution, en un alignement à la hauteur des précédents.

Ma rencontre avec Patrice Dominguez va être l'une des plus précieuses de ma carrière. Comme quoi il faut toujours y croire !

Il ne fait pas de bruit, mais tout le monde le connaît. Il a été numéro un français, atteignant les huitièmes de finale à Roland-Garros et à l'Open d'Australie, et par deux fois la finale du double mixte de Roland-Garros.

Il a également été finaliste à deux reprises du double mixte en équipe de France de Coupe Davis. Très fort physiquement, ce n'est pas pour rien qu'on l'a surnommé « Monsieur 100 000 volts ». Et cerise sur le gâteau, comme un petit signe du destin… il est gaucher !

Rapidement, les progrès se font sentir. Avec lui, j'apprends qu'il est essentiel de toujours contrôler ce que je fais dans un match, de le considérer dans son ensemble, d'y insuffler une vraie stratégie, dans laquelle même les points perdus, « donnés » à l'adversaire, peuvent servir à le mettre trop en confiance, le conduisant à commettre des fautes permettant d'inverser le cours des choses pour finir par le battre.

Grâce à Patrice, comme entraîneur personnel et véritable « coach mental », je vis une année 1986 de rêve, qui restera la plus prolifique de toute ma carrière. Je suis demi-finaliste à Roland-Garros et Wimbledon, quart de finaliste à l'US Open, je remporte les tournois de Düsseldorf, Genève et Hambourg, sans oublier mes victoires en Coupe Davis contre la Bulgarie et l'Autriche. Et pour parachever le tout, je progresse à l'ATP et à l'automne je deviens numéro cinq mondial.

Le rêve est devenu réalité. Le gamin haut comme trois pommes qui traînait sa raquette en bois sur le sol, à force de sacrifices, de souffrances et de travail acharné durant dix-neuf années, est aujourd'hui l'un des meilleurs joueurs du circuit mondial, sur l'une des plus hautes marches de la performance, de la réussite. Pas très loin du Graal de la première place, dont certains pensent qu'elle m'est accessible. Mais je n'y pense pas pour le moment, trop heureux de savourer au jour le jour ce qui m'arrive.

Réaliser son rêve. Atteindre le but que l'on s'est fixé. Voir les renoncements acceptés, les épreuves endurées, les concessions et les efforts fournis année après année porter leurs fruits génère une immense fierté.

Le travail acharné, les hauts et les bas des victoires comme des défaites, les doutes surmontés, les rencontres bienfaitrices m'ont hissé parmi les plus grands. La reconnaissance si souvent insatisfaite, secrètement attendue, est là désormais, qui me réchauffe le cœur comme jamais.

Je le savais ! J'y ai tant cru ! Je l'ai tant voulu que ça y est, je suis sur le toit du monde, dans le clan très fermé des meilleurs mondiaux !

La preuve est faite, avec cette réussite saluée par tous, que la volonté et le travail déplacent des montagnes, que tout est possible pour peu qu'on ait une foi indéfectible en ce que l'on est, ce que l'on désire, ce à quoi on aspire. Et, bien sûr, qu'on s'en donne les moyens, quel que soit le temps que cela puisse prendre.

Tout chemin vers la réalisation de soi est parsemé de contretemps, d'événements inattendus, d'erreurs qui nous ralentissent, parfois même nous font désespérer de continuer à avancer, mais en réalité ce sont autant d'incidents de parcours qui nous mettent face à notre capacité d'acceptation, de résilience, à nos forces comme à nos faiblesses, et finalement qui sont autant d'enseignements sur la validité ou les fausses bonnes raisons de nos choix.

Avec en prime la reconnexion à une évidence : au bout du compte, au-delà des conseils avisés ou des pressions de notre entourage, en toutes circonstances c'est bien de nous et de personne d'autre, dans l'intimité profonde de notre for intérieur, que dépend le sens majeur que l'on confère à l'orientation de notre trajectoire.

Ce qui signifie tout simplement, en dépit des apparences trop souvent trompeuses, telle une leçon éminemment précieuse, que la réalité ultime de notre existence a été, est et sera toujours entre nos mains.

Toujours est-il qu'une fois arrivé au sommet de son « art », il faut y rester !

Depuis mon mariage, j'ai beaucoup accepté, toléré, laissé faire. Mais quand bien même on est le plus coulant et habitué à simplifier les choses autant que possible autour de soi, en particulier dans les relations avec nos proches, on a tous nos limites. Je peux me mettre en sourdine assez longtemps, mais quand la coupe est pleine, la moindre goutte à venir peut la faire déborder. Il faut toujours se méfier du tigre qui dort dans l'ombre du plus conciliant des hommes.

Un jour comme les autres en apparence, j'y suis. Je ne tiens plus. Ça suffit ! Alors je déballe tout et je hausse le ton. On s'explique une bonne fois, mais je sais déjà, au fond de moi, qu'il est trop tard. Quelques bonnes résolutions non tenues vont venir confirmer notre éloignement l'un de l'autre. Dans une dernière tentative pour sauver notre couple, je décide de m'éloigner six mois, pour que chacun de son côté puisse faire le point, mais rien n'y fera. Fin de partie.

L'envie de me retrouver, de vivre « ma » vie, à ma manière, selon mes aspirations les plus profondes, de revenir vers mes proches et mes potes, fort de la confiance en moi-même acquise sur les courts, m'a fait franchir le pas pour me libérer et sortir de cette histoire aux allures d'amour déçu.

En cela, j'ai grandi un peu plus, je suis sorti d'une forme de dépendance trop longtemps entretenue, que je reconnais avoir bien aimée et dans laquelle j'ai trouvé mon compte durant un certain temps.

Vivant désormais seul, je vais peu à peu revenir à moi. Retrouvant bientôt mes amis et renouant enfin une vraie relation avec ma famille.

Une page se tourne

Bien souvent, la vie nous réserve des surprises auxquelles on ne s'attendait vraiment pas. Cela arrive d'un coup, de nulle part, telle une évidence qui s'impose tout à coup dans notre vie. Avec une logique parfois très relative, on l'attribue à tel ou tel événement ou plus simplement au fameux « hasard » qui évite de se poser trop de questions.

Dans certains cas, cependant, force est de constater que les surprises en question sont d'une tout autre nature. À bien y regarder, on leur trouve un sens très particulier, ne laissant aucune place au hasard.

Le bon sens populaire dit avec mansuétude, à qui veut l'entendre, que le « balancier de la vie » nous emmène parfois d'une extrémité à l'autre dans le cheminement quotidien de notre existence. Notre quête de sens prend alors une tournure totalement inattendue, mettant en lumière une réalité que l'on ne soupçonnait pas tant elle nous est étrangère.

Le balancier en question m'a conduit aux honneurs et à la gloire d'une réussite professionnelle exceptionnelle en accédant au rang de numéro cinq mondial. Je suis alors loin d'imaginer que dans un retour imparable il va me précipiter dans les affres d'une violence et d'une détresse incomparables.

La bascule qui brusquement vous envoie en sens inverse ne tient parfois qu'à un détail. Pour moi, cela va être quelques mots, prononcés au terme de la finale de Roland-Garros, après que Mats a reçu le trophée de sa victoire et remercié le public. Le micro en main à mon tour, sans le savoir, je vais actionner le fameux balancier, qui, tel un couperet, va tout bouleverser sur son passage.

«*J'espère que vous avez un petit peu compris mon jeu.*» À peine sortis des ma bouche, amplifiés par les haut-parleurs du Central, mes mots me renvoient en écho, depuis les tribunes bondées où se presse le public, quelques commentaires acerbes qui me glacent. Instantanément, je réalise que ma phrase tombe mal après une défaite qui a énormément déçu mes supporters en dépit de mes victoires des tours précédents sur Becker et Svensson.

Les prémices de ce désamour de la part d'un public qui m'aime et qui me le prouve depuis si longtemps ont déjà émaillé le match à plusieurs reprises, laissant entendre que mon jeu ne valait rien, que j'étais nul, soulignant combien l'assistance était consternée par ma prestation, bien loin de ce qu'elle attendait de son favori.

Après avoir été adulé dans l'exercice de mon art, grâce auquel j'ai trôné sur les plus hautes marches du tennis mondial, je me sens jeté avec mépris au bas d'une falaise. J'ai la tête vide, le cœur qui bat à tout rompre. Je sens monter en moi une profonde détresse et parviens tant bien que mal à retenir mes larmes. Un moment plus tard, je sors du court sous quelques applaudissements... et aussi sous des huées qui vont longtemps résonner dans mon esprit.

Sans que je le sache encore, avec une violence inouïe, une page vient de se tourner, me laissant au bord d'un abîme sans nom.

L'image d'une descente aux enfers n'est pas exagérée. L'année 1988 va être amère à plus d'un titre, mois après mois, en un enchaînement quasi permanent de défaites et de remises en question, toutes aussi douloureuses les unes que les autres.

C'est d'abord en septembre, aux Jeux olympiques de Séoul, que je franchis un nouveau cap dans le « grand n'importe quoi » de cette pire année de ma carrière.

Après avoir été finaliste à Roland-Garros, malgré ma défaite, on me voit médaillable aux Jeux. Encore faut-il que j'y aille !

Mais contre toute attente, à nouveau perméable à des conseils malvenus, je me laisse déborder par les pires choix de ma carrière. D'abord, en me faisant rapidement sortir au tournoi de Barcelone sur lequel j'aurais pu faire l'impasse, puis en restant devant la télé plutôt qu'auprès de mes potes tennismen lors de la cérémonie d'ouverture et en décidant d'emménager à l'hôtel plutôt que dans le village olympique, et enfin en chutant au premier tour face à un Coréen, 361e à l'ATP, puis avec Forget en double.

Mais le retour à une réalité des plus cruelles ne s'arrête pas là. Bien plus que la fin d'un tournoi, d'une saison de tennis, j'ai au fond de moi l'impression de sombrer comme jamais, avec la sensation que c'est une époque qui prend fin. Une part de ma vie qu'on m'arrache.

Le spectre de la fin

Quand on t'arrache violemment ce sur quoi tu as basé toute ta vie, c'est très simple : tu n'es plus rien !

Toutes tes références, tous tes repères, les moindres composantes de ta vie quotidienne s'estompent, pour laisser place à une plongée sans fin dans un vide abyssal.

Après Bercy, quand bien même la famille se resserre pour tenter de m'épauler alors que je suis en pleine dérive, il n'y a plus d'Henri Leconte, plus de numéro cinq mondial, plus d'objectifs, et encore moins d'avenir. Chaque jour, alors que me reviennent en mémoire les revers de ces derniers mois, je réalise que je n'existe plus. Que c'est tout simplement la FIN.

Envolés les fastes du succès, les coupes de vainqueur levées à la face du monde dans une fabuleuse excitation, les olas dans les gradins, les applaudissements interminables, mon nom scandé par des milliers de personnes.

Tout s'écroule autour de moi, et surtout en moi. Je ne sais plus où j'en suis, qui je suis, et même si je peux encore tenir une raquette. Plus que la simple douleur des récents échecs, c'est une souffrance terrible qui me ronge. Un doute ravageur s'installe : penser que j'ai à peine vingt-cinq ans et que tout s'arrête peut-être m'anéantit.

Et puis il y a cette sensation tenace, profonde, indicible, que personne ne comprend vraiment ce que je vis.

Qui, parmi tous ceux qui m'ont copieusement dénigré, hué, insulté de loin sans oser le face-à-face, sait ce qu'il a fallu de douleurs, de sacrifices et de renoncements, de blessures surmontées, d'années de travail acharné – qu'aucun ne s'est infligés dans sa propre carrière bien tranquille – pour arriver où j'en suis, pour m'être élevé parmi les meilleurs mondiaux ?

Qui, parmi les commentateurs d'un jour, les pseudo-spécialistes sagement assis dans leur fauteuil bien rembourré, a mesuré la portée de ses mots incendiaires, volontairement destructeurs sans le moindre respect élémentaire, balançant à la vindicte populaire une carrière dont ils auraient été bien incapables d'assumer les moindres défis ?

C'est vrai qu'avec mon tennis brillant et mes prises de risque spectaculaires je les ai habitués à de superbes prestations, à des résultats qu'ils n'avaient souvent pas imaginés, les faisant rêver et vibrer bien plus qu'ils en avaient l'habitude, mais cela fait-il de moi quelqu'un qui ne peut plus perdre, une « machine à gagner » qui doit impérativement leur offrir, encore et encore, victoire sur victoire ?

Certes, j'ai pu les décevoir ici et là, quelquefois pour de bonnes raisons, souvent pour de mauvaises raisons, il faut bien le reconnaître. Mais cela me vaut-il d'être livré aux chiens, lapidé en public ou par articles incendiaires interposés ?

Par chance, après Bercy, la saison n'est pas terminée. Motivé par des engagements que je dois honorer, je m'accroche, comme je peux, pour retrouver mon meilleur tennis.

Trois matchs remportés à Wembley me confortent dans l'idée que j'ai encore de « beaux restes », ce que ma victoire en finale du tournoi de Bruxelles sur Jakob Hlasek confirme. Malheureusement, peu après, j'abandonne sur blessure face à Lendl aux Masters, pour conclure ce qui restera pour moi la pire année de ma carrière.

Quand ça passe… ou ça casse !

Dans une carrière de sportif d'envergure internationale, le public ne voit que ce qui brille, ce qui le transporte, lui donne la chair de poule tant cela lui semble exceptionnel, presque irréel.

Le beau geste, la trajectoire idéale, la réalisation parfaite transcendent celui ou celle qui les accomplit et mettent le feu aux émotions de ceux qui en sont les témoins. Quand tout est à sa place au bon moment, reléguant la concurrence au second plan, voire loin derrière, c'est le rêve assuré pour tout le monde.

Malheureusement, ce n'est pas toujours le cas. Car dans l'ombre de toute réussite au plus haut niveau, derrière la silhouette et les résultats qu'idéalise une foule de supporters et de fans, il y a un être humain, qui bien souvent est au sommet de sa maîtrise dans les rendez-vous majeurs de son sport, comme il s'y est préparé de longue date, mais qui parfois aussi en paie le prix fort loin des projecteurs de la renommée.

Dans toute carrière sportive, comme dans la vie en général, dans toute trajectoire professionnelle, il y a forcément des hauts et des bas, des temps forts et d'autres en demi-teinte, des victoires et des défaites. Des moments de grandes certitudes dans le niveau d'excellence que l'on atteint, et d'autres de grande solitude quand les échecs surviennent et quelquefois s'enchaînent. Mais dans les bas, ces parenthèses où rien ne va vraiment comme prévu, il ne s'agit pas toujours d'une baisse de régime physique, d'un manque de préparation ou d'une motivation émoussée par un moral en berne. Il faut compter avec les ennemies intimes et invisibles que connaissent bien les grands sportifs, qu'ils ont tous côtoyées et dû supporter un jour ou l'autre : les blessures.

On ne soumet pas le corps à des entraînements intensifs dès le plus jeune âge, souvent alors qu'il n'est pas encore totalement formé, lors de séances à répétition qui vont aller en se multipliant au fil des années ; on ne repousse pas les capacités physiques jusqu'aux frontières du supportable, et parfois au-delà ; on n'apprend pas à supporter les souffrances corporelles qui en résultent comme si elles étaient naturelles... en un mot, on ne livre pas son corps aux exigences d'un mental qui ne rêve que d'excellence et d'exploits, sans atteindre un jour les limites physiques et biologiques du possible.

Alors, ce sont d'abord de petites blessures, puis de plus grandes, jusqu'à celles qui nécessitent des interventions lourdes, médicamenteuses avant de devenir chirurgicales.

Je n'ai pas échappé à la règle. Depuis l'époque de mes premiers tournois, mon parcours a été ponctué de quelques-uns de ces moments douloureux où mon corps a dit stop à sa manière, me condamnant au repos forcé pour quelque temps.

Ce furent bien sûr les inévitables soucis de cheville ou plus simplement musculaires, bien connus de tous les tennismen, dus le plus souvent à un manque de travail en endurance et en musculation. Mais dès que j'ai accédé à un niveau très pro, les choses se sont compliquées, laissant clairement entendre que le rythme effréné d'entraînements et de tournois que j'imposais à mon corps mettait ma santé en danger.

Une fracture de la main, trois interventions chirurgicales à la colonne vertébrale (résultant en partie d'une scoliose enfantine), un ménisque explosé au genou droit en ont été les épisodes les plus marquants. Sans oublier une mononucléose et une hépatite médicamenteuse.

De quoi occuper les manchettes des journaux, qui plus d'une fois m'ont « enterré » avec mon souci de santé du moment, mes souffrances et les mois d'interruption de ma carrière qui en résultaient… avant que je revienne chaque fois, et *ressuscite* littéralement à la grande surprise de beaucoup.

Après chaque blessure, avec un mental d'acier comme après chaque échec dans toute vie, dans toute profession, au terme d'une rééducation adaptée je suis revenu en salle, j'ai repris le footing et les haltères, retrouvé mon poids de forme, recommencé les entraînements de dingue, et je me suis à nouveau défoncé sur les courts.

Pas question de baisser les bras. Comme en écho au leitmotiv de mes toutes premières années, que connaissent bien tous ceux qui sont en quête d'excellence et de réussite, quel que soit leur domaine d'expression : *On ne lâche rien !*

En fait, ce qui m'a motivé comme un fou à chaque fois, et permis de revenir quand on pensait que j'étais fini, n'a jamais été, contrairement à beaucoup de joueurs, mon classement à l'ATP ou même l'appât du gain à chaque victoire. J'ai toujours apprécié, bien sûr, ce que j'ai gagné, mais cela n'a jamais été mon « moteur ». Je n'avais qu'une envie : jouer, encore et encore ! Plus que tout, j'ai toujours adoré jouer. C'est le plaisir intense de jouer qui m'a conduit au plus haut niveau mondial.

Mais parfois, quand le corps s'en mêle, jouer n'est pas si simple.

Un constat sans appel

Les quelques victoires de fin d'année n'ont pas effacé les douleurs et les souffrances terriblement négatives et paralysantes de 1988.

Ce qu'on m'a fait subir ne se surmonte pas et ne s'oublie pas aussi facilement, même quand on s'attache à en relativiser la portée. Les insultes, le mépris, le désamour affiché en public résonnent encore en moi, des jours, des semaines plus tard. Le doute est là, qui rôde, minant sournoisement l'envie de croire encore à un avenir semé de victoires. Et pour ne rien arranger, mon corps continue régulièrement à mettre à mal les bonnes résolutions auxquelles je m'accroche désespérément.

Une cheville qui craque aux Masters de fin d'année et un nouvel abandon à Monte-Carlo me conduisent à une nouvelle opération du dos en mai 1989.

Il me faut alors du temps pour revenir en forme et retrouver mon tennis, notamment avec deux victoires en Coupe Davis contre l'Australie, qui ne suffiront pas à nous faire soulever le trophée. Mais c'est trop beau pour être vrai. À l'Open de Bercy, c'est un genou qui lâche et qui me contraint à l'abandon. Nouvelle opération et retour à la case départ !

L'arthroscopie de mon genou gauche va être difficile à surmonter, physiquement et moralement, avec cette fois encore son lot de douleurs, d'incertitudes et de doutes. Auxquels je fais face avec la volonté farouche de me battre contre moi-même, en silence, jour et nuit, de rebondir et convaincre mon entourage que je peux encore revenir.

▲ Henri Leconte avec Ion Țiriac, son premier entraîneur de rang mondial.

1980 • Leconte remporte le titre junior aux Internationaux de France de tennis, entraîné par Țiriac. ▼

▲ Les grands-parents paternels d'Henri Leconte, grande source d'inspiration dans son parcours.

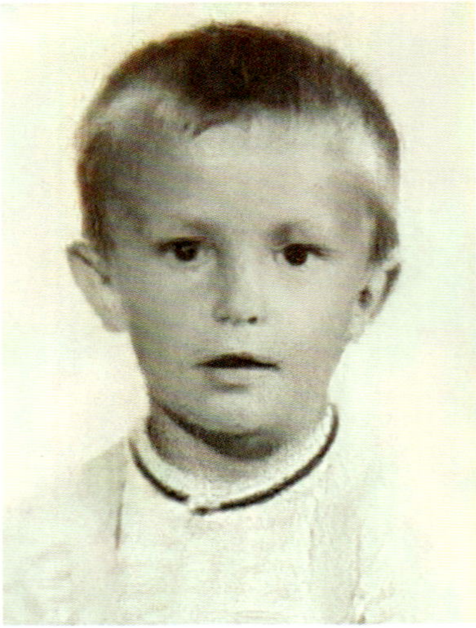

▲ Henri, à 3 ans.

Henri, à 4 ans, déjà une raquette à la main, avec son professeur M. Cavalini. ►

Dès le plus jeune âge, le tennis est une affaire sérieuse. ►

◄ Dans la maison familiale, les raquettes ne sont jamais loin. Henri a 12 ans.

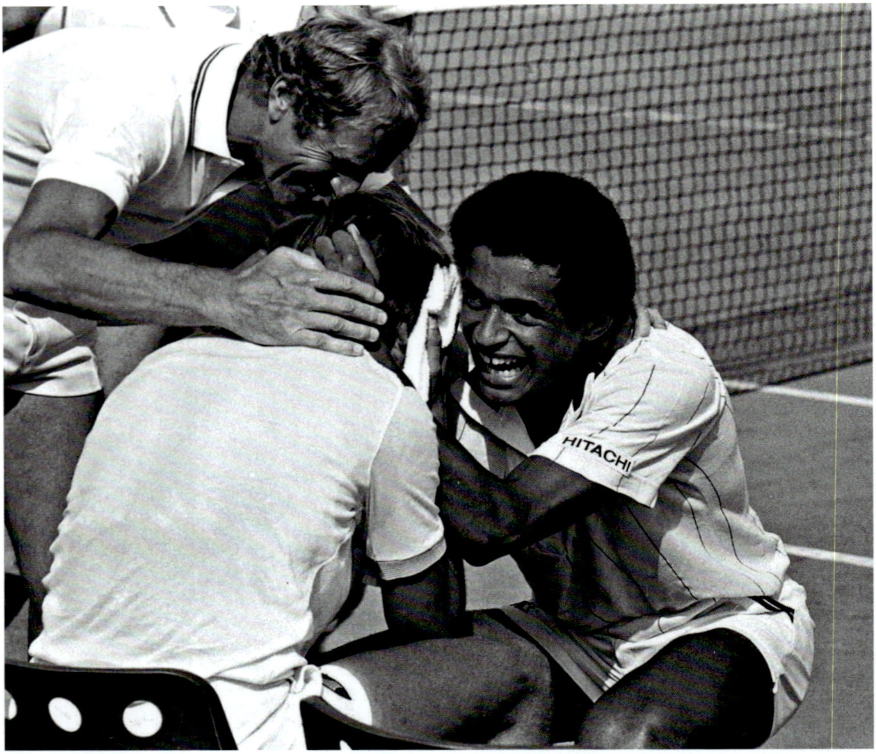

▲ **Coupe Davis 1982** • Jean-Paul Loth et Yannick Noah félicitent Henri Leconte, face à la Tchécoslovaquie.

Henri et Jean-Paul, son mentor depuis ses 12 ans, entretiennent toujours leur amitié. ▶

◄ Avec son coach Patrice Dominguez lors du premier tour de la Coupe Davis 1990. En février, face à l'Australie.

▲ Après le match, l'entraîneur apporte son soutien à son joueur et fait le point.

▲ Henri Leconte et Patrice Dominguez lors de la Coupe Davis 1990 affrontant la cruciale étape de barrage, en septembre, face à la Grande-Bretagne.

Décembre 1991 • L'équipe de France victorieuse de l'équipe américaine ultra-favorite.

▲ La victoire se fête aussi dans les vestiaires.

◄ La victoire d'Henri Leconte a relancé les espoirs français, au moment où personne ne s'y attendait.

59 ANS QUE J'ATTENDAIS ÇA !

L'ÉQUIPE

LUNDI 2 DÉCEMBRE 1991 — LE QUOTIDIEN DU SPORT ET DE L'AUTOMOBILE — 46e ANNÉE — N° 14 174 — 6 F

ET AUSSI...

Athlétisme	p. 27	Jeu à XIII	p. 16
Auto	p. 26	Judo	p. 27
Aviron	p. 16	Lutte	p. 16
Basket	p. 18-19	Moto	p. 26
Bateaux	p. 17	Neige	p. 26
Boxe	p. 17	Rugby	p. 20-21
Cyclisme	p. 17	Télévision	p. 26
Football	p. 10 à 16	Tennis de table	p. 19
Glace	p. 26	Volley-ball	p. 27
Handball	p. 16	Sports express	p. 21

INOUBLIABLE !

Après la superbe victoire du double samedi, Guy Forget a conquis le point décisif à l'issue d'une farouche bataille contre Sampras. Cinquante-neuf ans après les Mousquetaires, la Coupe Davis revient en France. Le grand exploit de l'année 1991.

(Pages 2 à 8)

DANS la théorie des grands moments du sport français, la victoire de la bande à Noah va devoir, maintenant, se faire une place.

Ce sera une place d'orchestre avec vue sur l'Histoire. Quelque part entre Carpentier et Cerdan, Ladoumègue et Jazy, Mimoun et Colette Besson, Anquetil et Hinault, les Verts et les Bleus, Alain Prost..., sans oublier, bien entendu, les premiers Mousquetaires.

Leçon

Cependant, l'exploit de Lyon ne va pas en rester là. Il dépasse de très loin le territoire d'un court ou le périmètre de n'importe quelle autre surface où se règlent, en petite tenue, les affaires de suprématie sportive.

Un pays entier ne se laisse pas entraîner par hasard dans une aventure d'apparence aussi accessoire que la réussite d'un retour de service.

Si le cœur de la nation palpite aussi fort pour des gestes anodins c'est que, précisément, ces gestes et ces jeux parlent bien au-delà de leur seule mécanique.

La façon dont le triomphe de nos tennismen touche la France des bistrots et des beaux quartiers traduit on ne peut mieux le degré d'intégration du sport dans les habitudes, les comportements de vie des sociétés actuelles.

Auprès de ces dernières, dont il subit parfois le goût de la parade et de l'artifice, les penchants du fric et du nationalisme, il sait aussi proposer les valeurs de l'amitié, du courage et du juste talent récompensé. Par ces temps de fébrilité, Noah, Forget, Leconte et Cie, quelle leçon vous avez donnée !

Gérard ERNAULT

LYON. — Leconte qui tombe dans les bras de Forget après la victoire en double, Noah porté en triomphe par tout le clan français : images chocs du week-end le plus fou de l'année.

(Photos Jean-Claude PICHON)

"La Forme Olympique"
Un livre dopant !*
vient de paraître
serre
LA FORME OLYMPIQUE
* à consommer sans modération
Glénat & Serre
Les secrets d'un grand sportif : **Claude Serre**, champion du monde de saut en largeur.
72 pages 62f
glénat

▲ « Une » de *L'Équipe* après la victoire, lors de la Coupe Davis 1991 à Lyon, en double d'Henri Leconte et de Guy Forget face aux Américains ultra-favoris, Flach et Seguso (6-1, 6-4, 4-6, 6-2). La victoire permet aux Français de soulever le trophée pour la première fois depuis 1932.

Il faudra attendre 1991 pour que je retrouve mes sensations, notamment avec deux victoires en Coupe Davis contre Israël, trop heureux de voir s'éloigner le spectre des problèmes physiques à répétition, qui font que désormais l'on me surnomme « Bistouri » parmi les joueurs.

Mais il n'est pas dit que j'en ai fini avec les galères. À Wimbledon, nouvel abandon, face à Guy Forget avec mon dos qui lâche et qui nécessite une troisième opération, faisant resurgir dans mon esprit, avec insistance, le long cortège des doutes et des idées noires, parmi lesquelles ne pas avoir d'autre choix que de mettre fin à ma carrière.

Alors que mes adversaires affichent pour la plupart une santé à toute épreuve, mon parcours personnel ressemble maintenant davantage à une longue suite de blessures émaillée de quelques retours en forme épisodiques. Force est de constater que mon grand gabarit s'accommode de plus en plus mal de mes fragilités corporelles, que le rythme effréné des entraînements et l'enchaînement des tournois n'ont fait qu'aggraver au fil des années. J'y vois aussi le legs, bien involontaire, de mes parents, qui tous deux ont eu des problèmes de dos.

Le constat est sans appel. Dans un sport très exigeant au plus haut niveau, nécessitant des ressources physiques considérables en plus d'un mental de *killer*, à l'évidence je paie aujourd'hui le fait d'avoir toujours été très généreux sur le court, me dépensant sans compter dans une véritable débauche d'énergie, malmenant trop souvent mon physique jusqu'aux frontières du possible.

Et là, une nouvelle fois au tapis, on ne rigole plus. La seule question à se poser est très simple : *Est-ce que je pourrai encore jouer ?*

CHAPITRE 7
Henri... le retour !

Je l'ai toujours pensé et souvent dit, ce sont les rencontres que l'on fait, tout au long de notre vie, qui en orientent le sens et marquent l'empreinte de notre existence.

Il y a les rencontres visibles, flagrantes, évidentes. Et puis les autres, qui ne s'affichent pas au grand jour, et qui pourtant sont bien souvent tout aussi importantes.

Cela peut être un livre, une image, un savoir appris ici et là, mais pour moi les rencontres les plus importantes sont humaines, avec des hommes et des femmes qui croisent notre chemin un beau jour, qui entrent dans notre vie et qui s'installent dans notre mémoire pour toujours.

Au début, on prend ça pour un hasard, au gré d'un événement, d'une soirée, d'un ami ou un professionnel qui nous met en relation. Puis très vite l'évidence s'impose : on a des choses à se dire, à partager, à faire ensemble. Et bientôt une complicité hors du commun nous rapproche, nous relie au fil du temps.

On a tous vécu ça. Notre parcours est jalonné de ces « face-à-face » inattendus, quelquefois surprenants, qui souvent sans heurts ont changé bien des choses, nous ont enrichis, nous ont appris aussi dans tel ou tel domaine, à la fois sur eux et sur nous-même.

Les magiciens du corps

Pour me convaincre que je ne suis pas fini, que je peux encore tirer de belles choses de mon corps cassé de partout, deux de ces belles rencontres vont œuvrer dans l'ombre, loin des projecteurs médiatiques, pour me ramener à la vie, à « ma vie ».

Ces deux hommes, Jérôme Bianchi et Patrick Champagne, me connaissent. Ils savent que j'ai toujours été un battant ; mieux que cela, un farouche combattant, quel qu'en soit le prix. Alors j'accepte sans hésiter qu'ils m'accompagnent. Dans mon malheur, je suis parfaitement lucide, je sais que cela va être long et douloureux. Mais s'il n'y a qu'une chance pour que je puisse rejouer, je ne vais pas la laisser passer, je compte la saisir et tout donner pour prouver que je suis encore là.

Contre les avis de nombre d'observateurs qui me voient déjà raccrocher ma raquette et qui m'enterrent un peu vite, c'est ce que je vais faire ! Chacun à leur manière, au fil des séances, en même temps qu'ils vont « travailler » sur mon corps, Jérôme et Patrick me redonnent un mental de gagneur et l'envie tenace de revenir absolument à la compétition. Mais ce n'est pas aussi simple...

Les premiers matchs sont difficiles. Visiblement, je n'ai pas suffisamment récupéré, ce qui a pour effet immédiat de me remettre le moral dans les chaussettes, jusqu'à me demander s'il ne serait pas temps, tout simplement, de changer de métier.

Emporté dans mes aventures tennistiques, j'ai simplement oublié que je ne suis pas seul. Je ne l'ai jamais été.

Les planètes sont toujours là, dans l'ombre, et n'ont cessé de m'accompagner, comme si elles veillaient sur moi.

Si elles ont été plutôt discrètes ces dernières années, il semble qu'elles veuillent à nouveau s'aligner, à ma grande surprise.

Avec le temps, je retrouve finalement l'énergie pour remonter la pente. On parlera de « miracle » en me voyant revenir au plus haut niveau dans quelque temps, mais pour l'instant je ne suis pas encore très vaillant.

Suivant à la lettre les conseils avisés des « magiciens du corps » qui m'accompagnent, j'apprends à m'économiser et je ménage mon physique, j'évite les surfaces dures, plus rapides, et me contente de fouler l'herbe ou la terre battue. Quand bien même je voudrais en faire davantage, il est clair que je suis physiquement diminué. Je le vois au temps consacré aux entraînements, qui ne peut plus être aussi important qu'auparavant, car cela me demande beaucoup plus d'énergie pour récupérer.

Secrètement, dans un coin de mon esprit, alors que je deviens un adepte fervent de la méthode Coué et que je prie tous les jours pour retrouver toutes mes capacités, quoi qu'il arrive, jour après jour une petite lumière continue de briller : le quatre-vingtième anniversaire de la Coupe Davis qui se jouera en décembre.

La Coupe Davis et moi, c'est une histoire d'amour depuis toujours. Une grande épreuve internationale qui m'a tenu à cœur dès mes premières années au plus haut niveau, un peu comme le fil rouge de ma carrière, où j'ai voulu briller chaque fois que l'occasion se présentait.

Mais décembre, c'est encore loin… et la douloureuse réalité de mon état physique me rattrape chaque fois que je pénètre sur un court d'entraînement. Les faits sont là : j'ai le dos en vrac ! Et le moral en berne dès que je n'ai plus de coach pour me soutenir et me motiver. Alors je m'accroche, comme je peux. Avec une pensée noire qui me hante parfois comme un écho lancinant : *Et si je ne revenais pas ?*

Plus belle sera la résurrection !

En septembre, la demi-finale de la Coupe Davis se déroule à Pau, entre la France et la Yougoslavie. Guy Forget et Arnaud Boetsch sont sélectionnés. Quant à moi, même pas en rêve, je suis encore loin de pouvoir assurer sur une telle épreuve.

On ne m'oublie pas pour autant et Yannick Noah, ami de toujours et capitaine de l'équipe, me propose de faire le cinquième homme, comme partenaire d'entraînement. J'apprécie le geste, qui me conforte un peu dans le sentiment qu'en dépit de mes ennuis physiques je fais encore partie de l'équipe de France.

Mais je déchante bientôt. Sur le court, face à Guy et Arnaud qui sont au mieux de leur forme, je ne fais vraiment pas le poids. Je me traîne, je n'ai pas de jambes, j'ai mal partout. Le constat est terrible. J'ai l'impression d'être à des années-lumière de mon meilleur niveau.

Dans les jours qui suivent, la France écrase la Yougoslavie 5-0 et s'ouvre la porte de la finale qui aura lieu deux mois plus tard.

C'est alors que l'impensable va se produire.

Les deux hommes à la tête de l'équipe de France du moment, comme entraîneur et capitaine, sont Patrice Hagelauer et Yannick Noah. Ils ont eu l'intelligence stratégique de former une équipe de choc, qui a franchi une à une les étapes menant à la finale, battant successivement Israël, l'Australie et la Yougoslavie.

Le défi qui se présente à eux, désormais, est très simple : il faut ramener la Coupe Davis en France ! À la fois pour la beauté de notre sport, pour faire rêver un public enthousiaste comme jamais et pour briller à l'international... mais aussi parce que cela n'est plus arrivé depuis cinquante-neuf ans !

Patrice et Yannick me connaissent depuis de longues années, si bien que lorsqu'ils me demandent de passer les voir, près de la piscine de l'hôtel où réside le groupe, je ne me fais pas trop d'illusions. Vu mes dernières prestations à l'entraînement, loin du niveau attendu, ils vont gentiment me demander de rester à la maison pour la finale et choisir un autre partenaire d'entraînement pour les joueurs sélectionnés, qui auront besoin d'un vrai répondant pour se préparer. Ce sont maintenant les États-Unis, considérés comme la meilleure équipe mondiale, que la France va devoir affronter, et elle n'aura pas droit à la moindre erreur.

On l'a vu, il y a des moments dans l'existence où tout bascule en un instant. Sans que l'on s'y attende, qu'on l'ait vu venir, l'imprévu surgit, nous déconcerte durant une poignée de secondes, puis nous emporte dans un mouvement totalement inconcevable un instant auparavant.

Certains y voient un signe du destin, d'autres un simple hasard. Qu'il s'agisse d'une chance inouïe ou d'une terrible nouvelle, c'est toujours la preuve que rien n'est jamais acquis ou définitivement figé dans une vie, que tout peut arriver à tout moment et nous orienter dans une direction à laquelle on ne pensait même pas.

On peut se préparer, imaginer comment les choses vont se dérouler, mais il reste toujours une part d'inconnu, d'impondérable. On aimerait bien, mais on ne maîtrise pas tout.

Pour gagner, espérer réaliser un exploit, on donne tout ce que l'on a à l'entraînement ; pour se tester, savoir où on en est vraiment physiquement, on se frotte aux potes qui nous accompagnent ; on se répète inlassablement des formules magiques de pensée positive... et forcément, on se voit vainqueur.

Ça, c'est la logique des choses, ce que disent et font tous les sportifs de haut niveau au fil des compétitions. Quand ils ne vont pas de blessure en blessure.

Et puis il y a ce que l'on ne peut pas prévoir, qui tout à coup peut tout remettre en question et vous place dans une situation totalement inattendue. C'est le destin, le karma, ou tout ce que vous voulez, qui selon la bonne ou la mauvaise étoile du moment se moque bien de ce que vous avez imaginé ou prévu, vous oriente vers le meilleur ou le pire, comme s'il était absolument nécessaire, avec une sorte d'urgence indicible, d'en passer par là pour continuer à exister.

Lorsque je me présente face à Yannick et Patrice, tout est clair pour moi. Je suis *out*, sans la moindre hésitation, et je l'accepte tant c'est évident. Après des mois de galère, ma troisième opération du dos et un retour compliqué, je suis très loin d'avoir le niveau. Lucide comme toujours, je suis un peu résigné. Je n'ai en tête que des idées de fin de carrière, qui me harcèlent depuis des semaines.

Tous deux m'accueillent avec un large sourire, qui trahit notre longue complicité. Et tout à coup, pour bien le connaître, je sens dans le regard que Yannick pose sur moi une intensité inhabituelle. C'est alors que, d'un ton calme, il m'assène des mots que je n'oublierai jamais : « Henri, on a besoin de toi pour la finale.

Sans toi, on ne peut pas gagner. Il faut absolument que tu te ressaisisses. Que tu reviennes à ton meilleur niveau. Les problèmes de dos, tu les connais. Tu es déjà revenu deux fois, pourquoi pas trois ? Alors voilà, je veux que tu sois prêt pour le double. »

Sous leurs regards interrogateurs, le silence s'empare de nous un bref instant. Totalement surpris, j'hallucine, le souffle court. Puis je perds tout contrôle, j'explose en larmes, comme un gosse à qui on vient de faire le plus beau cadeau de sa vie.

Pour que je sois sûr de bien comprendre, ils insistent : « Ta place est avec nous. Tu vas en rééducation le temps qu'il faut, on t'attend. On sait que tu peux le faire, on y croit... »

Alors qu'un instant auparavant je n'étais plus que l'ombre de moi-même, tellement loin du Henri Leconte adulé par un public fervent aux quatre coins du monde, ayant rejoint les meilleurs mondiaux à la force de sa raquette, soudain je sens mon cœur battre la chamade. J'ai du mal à y croire, mais je vois sur les visages et dans les regards de Yannick et Patrice que c'est bien réel. Je ne rêve pas ! Et tout à coup, l'esprit en feu, la vie pulse à nouveau dans mes veines.

Ce qui m'arrive est incroyable ! Je doutais de pouvoir encore jouer, retrouver un rang honorable pour le champion que j'avais été, et là, tout à coup, me revoilà propulsé en équipe de France, pour jouer une finale de cette Coupe Davis dont j'aime tant l'ambiance et les enjeux, qui plus est contre les redoutables Américains, désignés par tous les observateurs comme les grands favoris.

Dans les minutes qui suivent ma discussion avec Yannick et Patrice, je sens monter en moi la rage de revenir, de surmonter mes doutes et d'y croire moi aussi, de faire honneur à l'extraordinaire confiance qu'ils viennent de m'accorder. Sachant déjà en mon for intérieur, quoi qu'il arrive, que je leur en serais éternellement reconnaissant. Avec à présent sur les épaules une pression que je n'ai pas connue ces derniers temps. Et un nouveau défi auquel faire face : reconstruire tant bien que mal, en seulement deux mois, ce corps qui par ses faiblesses n'a plus été un allié précieux depuis trop longtemps maintenant et qui m'a relégué à la cent soixante-quinzième place à l'ATP.

On a toujours dit que j'étais un grand bosseur, avec un mental d'acier. On va voir ce qu'il en reste !

Pendant six semaines, je retrouve Patrick Champagne en Bretagne et une équipe de préparateurs en vue de cet objectif.

Patrick est un personnage atypique, doté d'une sensibilité extrême, comme moi à l'époque, et d'une gentillesse et d'une générosité infinies. Par moments, il peut apparaître un peu rustre ou tel un ours descendu de sa montagne, mais il ne va cesser de vouloir me protéger, de me mettre à rude épreuve afin d'éveiller en moi l'alignement idéal de mon potentiel corps/esprit.

Avec lui, Françoise et Gilles Sauleau, qui dirigent le centre, vont m'apprendre à m'écouter, à rester centré sur mon objectif ; lui en me demandant mon maximum jour après jour, elle en étant douce, maternelle et généreuse, toujours là au bon moment.

Avec eux, je réapprends tout et ressuscite littéralement.

En un mois, ce que d'aucuns considéreront comme un « miracle » prend forme. Les tests impressionnent ceux qui me suivent. Je retrouve mes sensations, mes réserves physiques, mon service et bientôt mes jambes. Je ne me suis jamais relevé aussi vite après une opération.

Je suis galvanisé, polarisé sur la perspective de la Coupe Davis qui approche à grands pas. Je ne pense qu'à ça, je ne vis que pour ça. *Lève-toi et marche !* devient mon leitmotiv de tous les jours, de chaque instant passé sur le court. En cinq semaines, je me retrouve comme jamais.

Pour me motiver encore davantage, à un mois de la finale, Yannick me propose de jouer en double avec lui à Bercy.

Quelques jours plus tard, une modeste victoire au tournoi d'Helsinki, contre Juha Lemponen, me redonne un peu le moral. La défaite qui suit, face à Slobodan Živojinović, ne suffit pas à me faire douter : je serai à la hauteur pour la Coupe Davis.

Enfin arrive le moment de se préparer pour la finale. Toute l'équipe de France part en stage à Neuchâtel, sous la direction « musclée » de Jean-Claude Perrin.

J'ai très peur en ce début de stage. Je sais que tout va se jouer dans les trois premiers jours. On s'apprête à en baver et je crains d'avoir mal. Je ne me trompe d'ailleurs pas. Patrice et Éric (Hagelauer et Deblicker) s'en donnent à cœur joie, mais je tiens bon ! Pas un seul jour je n'ai ressenti une courbature. Dès lors, délivré de ce souci, j'ai pu me concentrer uniquement sur mon tennis et, jour après jour, j'ai senti qu'il revenait. Je m'éclatais sur le court et j'étais prêt, si on me le demandait, à jouer et le simple et le double à Lyon la semaine suivante !

En vase clos, on s'immerge dans un travail de tous les instants. Sur les courts, physiquement ; en séances de sophrologie et de yoga pour la préparation mentale. Ça nous paraît parfois du grand n'importe quoi, mais Yannick aime ça, et surtout ça marche pour se relaxer, se concentrer avant l'événement qui approche. On est comme un commando qui se préparerait pour une intervention, sans contact avec l'extérieur, et encore moins avec la presse toujours en quête de confidences, qui guette le moindre de nos mouvements.

Yannick est très clair. Il ne pense pas qu'il y ait de bonne recette pour aborder un rendez-vous tel que cette finale que tout le monde attend. Elle n'était que la deuxième en cinquante ans pour la France, et il refusait l'idée qu'elle puisse être gâchée par notre faute. Il voulait en priorité que l'on se retrouve tous ensemble pour travailler, parler et se couper des sollicitations extérieures. Dans ce sens, il ne croyait pas que l'on puisse avoir de meilleures conditions que celles que nous avions à ce moment-là. Tant du point de vue de l'entraînement qu'au niveau des installations mises à notre disposition. D'après lui, si on était là ce jour-là, c'est parce que cette Coupe Davis commençait à peser sur notre vie au quotidien. La pression commençait à monter : des amis nous appelaient pour nous demander des trucs. Dans la presse, on avait pu lire un sondage à propos de la rencontre, il fallait rompre avec tout cela pour éviter que ça finisse par influer sur notre entraînement.

Au fil des jours, je continue à m'améliorer, mon jeu s'affine et ma frappe redevient dévastatrice pour les potes qui me servent d'adversaires. Il règne une ambiance de « ouf » et l'équipe est totalement solidaire. Jusqu'au jour où Yannick nous convoque tous dans sa chambre, l'un après l'autre, pour nous annoncer la sélection, qui jouera quoi.

Je suis en pleine forme et j'ai plutôt fait des étincelles face aux autres à l'entraînement. Déjà tellement heureux d'être là, venu pour jouer le double avec Guy (Forget), je ne me fais pas de souci.

Mais une fois encore, rien ne va se passer comme prévu !

De l'exploit à la légende

Je suis le dernier à entrer dans la chambre, où Hagel et Yannick m'attendent. Ils me proposent de m'asseoir, me regardent un instant, puis Yannick me pose « la » question qui résume les quelques jours très intenses que l'on vient de vivre ensemble : « Henri, tu penses que tu es prêt ? »

Étonné, tant cela me paraît évident, je n'hésite pas un instant : « Attendez, bien sûr que je suis prêt ! Si tu me demandes de traverser le mur, je le traverse. S'il faut grimper au rideau, je grimpe. Si je suis là, c'est grâce à vous. Sans vous, je serais encore à l'hôpital. Grâce à vous, je revis, je m'éclate, je suis heureux. Donc si je peux rendre service... »

Dans le silence qui suit, tous deux semblent jauger ma réponse. Puis Yannick poursuit, me fixant plus intensément : « *Est-ce que tu es prêt à jouer en simple ?* »

Sans équivoque, à nouveau convaincu à 100 %, je réponds : « *Oui !* »

Le sourire de Yannick fait le reste et il prononce les mots magiques que je n'oublierai jamais : « *Bon, bah, voilà, tu joues... Normalement, tu joues les trois jours, sauf cas de force majeure, selon le déroulement de la rencontre.* »

Quand on écrit un livre, il faut bien trouver les mots pour expliquer ce que l'on vit. Mais là, je ne les trouve pas. Il n'y en a pas d'assez forts pour décrire l'état dans lequel je suis lorsque je sors de la chambre. C'est un rêve éveillé, ou quelque chose qui y ressemble. Je ne m'appartiens plus, je suis ailleurs, la tête dans les étoiles.

Sans savoir comment, je parviens à rejoindre ma chambre, et là je laisse éclater l'onde de choc, l'onde de joie qui me submerge, en un cri qui à mon avis fait trembler les murs.

Je sais que je suis au meilleur de ma forme et que je vais devoir jouer à 150 % de mes possibilités. Je n'ai pas accepté la sélection pour me faire voir. Si je n'étais pas certain de donner le meilleur de moi-même ce week-end-là, je n'aurais pas accepté la place. J'ai l'expérience d'un certain nombre de choses, ça peut jouer en ma faveur. De toute façon, je me dois de faire honneur à ma place, ne serait-ce que pour Olivier Delaitre à qui j'ai été préféré. Quand j'ai appris ma sélection, et même si je m'y attendais un peu, j'ai connu une grosse émotion. Je n'ai pas le droit de ne pas honorer le gros contrat que Yannick m'a mis dans les mains.

Je suis en finale de Coupe Davis, et je vais jouer en simple. C'est tout simplement fabuleux ! Pas vraiment croyant, je remercie le bon Dieu et n'importe qui étant intervenu pour que cela se produise, pour que l'on me donne une seconde chance après tous les malheurs vécus des derniers temps. Et j'ai l'impression d'entendre comme une petite voix me soufflant à l'oreille : « Tu as perdu en finale à Roland-Garros, mais il s'en est fallu de peu, tu le méritais, ce trophée. Alors voici une nouvelle occasion, une grande et belle finale. À toi de jouer. Montre-leur ce que tu sais faire... »

À partir de là, tout va s'enclencher comme une mécanique de haute précision que rien ne pourra enrayer.

Comme toujours, Yannick est très lucide sur ce qui nous attend. Il nous explique que, sur le papier, les États-Unis sont bien meilleurs que nous et qu'il va falloir bien utiliser toutes les cartes dont on dispose pour mettre un maximum de challenge de notre côté. C'est pour cela que même si ce stage est très dur physiquement, aucun mec ne traîne la patte. Ils savent tous très bien que c'est à ce prix-là qu'on pourra créer une surprise. Sur Suprême[1], un match peut se jouer sur deux ou trois points, et il faudra être vigilants dans ces moments-là. Cette semaine-là, on se prépare à ça : à être présents mentalement et physiquement. Et, pour Yannick, si la porte s'entrouvre, c'est une équipe, très soudée, qui poussera de toutes ses forces pour s'engouffrer dans cette porte.

Tout sportif de haut niveau qui a passé une partie de sa jeunesse, de sa courte vie, à s'entraîner, à franchir une à une les étapes menant à la réussite, aux victoires venant chaque fois renforcer sa motivation, ne rêve en son for intérieur que d'une chose : devenir le meilleur ! Et, pourquoi pas, accomplir des exploits qui marqueront l'histoire de son sport.

Aller au bout de soi-même, oublier les douleurs et les blessures, toujours chercher à s'améliorer, ne jamais se satisfaire de la plus petite avancée, savourer la reconnaissance des siens comme de ses pairs sportifs. Tout est là. Dans la foi en soi et dans l'accomplissement qui en résulte.

C'est avec tout cela que j'ai grandi, respiré, c'est ce dont je me suis nourri auprès de tous ceux qui m'ont accompagné, entraîné, soutenu, conforté dans ce que j'étais capable de faire sans moi-même l'entrevoir ;

1. Suprême Court, la surface choisie pour le terrain, est une moquette ultrarapide censée maximiser les qualités des Français et minimiser celles des Américains.

c'est en cela que j'ai voulu ardemment rejoindre les meilleurs, être reconnu comme un grand dans ce que j'entreprenais.

Quant aux exploits, ce n'est pas à moi d'en juger. Certains ont vu dans les risques que je prenais parfois sur le court, ou dans quelques coups improbables faisant basculer l'issue d'un match dans les instants décisifs, ce qui pourrait s'apparenter à des exploits. Le mot est un peu fort pour moi, même si une lueur d'excitation fait briller mon regard quand j'y pense.

Ce que je sais, là, dans ma chambre, avec cette nouvelle qui vient de m'enflammer la tête, de m'exploser le cœur, et que je suis peut-être le seul à pouvoir comprendre, c'est que pour moi le simple fait de jouer de nouveau en Coupe Davis est un exploit. « Mon » exploit, après ce que j'ai vécu ces derniers mois, tout ce qui, encore quelques semaines auparavant, m'a mené au bord de l'abîme du renoncement final.

Cet exploit-là, je sais à qui je le dois. Pas aux articles de presse sportifs ou people, souvent aussi éphémères qu'infondés dans leur quête insatiable de bons tirages, qui m'ont si abondamment humilié et meurtri avec leurs formules à l'emporte-pièce, oubliant mon parcours et mon classement à l'ATP qui ne devait rien au hasard ; pas non plus aux médiocres arrogants n'ayant jamais rien fait d'exceptionnel, tout juste capables de lancer des insultes depuis l'anonymat d'une tribune pour faire rire ou pour qu'on les remarque ; et pas davantage aux bons conseilleurs qui n'ont jamais souffert sur un court, ou encore aux belles blondes avides de fric et de notoriété, désireuses d'atteindre enfin la lumière dans le sillage d'un champion.

La seule chose dont je sois sûr, à cet instant précis, c'est que cet exploit-là, je ne le dois qu'à moi-même, qu'à mon combat contre les douleurs au sortir d'une troisième hernie discale. Dans ce troisième retour au meilleur niveau auquel personne ne croyait il y a encore trois mois. Sauf Yannick, qui lui seul a osé y croire, pour bientôt m'embarquer dans son rêve.

Je suis toujours là ! Je suis bien vivant ! Prêt à affronter le monde comme jamais ! Avec à l'esprit, fort de la confiance que l'on vient de me témoigner, le sentiment que rien ne pourra m'arrêter.

Yannick a gagné Roland-Garros et maintenant il est capitaine de l'équipe de France pour cette finale de Coupe Davis. Sa déclaration aux médias est on ne peut plus claire : « J'ai choisi le numéro deux qui pourrait gagner un, voire deux points. Olivier Delaitre a fait une saison et un stage super, Arnaud Boetsch aussi, mais j'ai pensé, et nous pensons tous, qu'Henri est celui qui peut gagner les points. Nous ne sommes pas une équipe de faire-valoir. [...] Il y a un mois, penser à un type comme Henri, c'était peut-être un coup de poker, mais je ne connais pas un joueur au monde qui puisse entrer sur le court contre lui en rigolant, en sachant comment ça va se passer[1]. »

---

1. FR3, *in L'Équipe*, 28 novembre 1991.

Il en remet une couche le lendemain : « Je sais, par expérience, qu'Henri peut battre n'importe qui, n'importe où. [...] Henri, il y a encore trois mois, il sortait de l'hôpital, il ne se sentait pas bien, il était dépressif. Pour moi, c'est comme s'il avait été près de la mort et qu'à l'approche de cette finale il revenait à la vie. Quand on réussit ce genre d'exploit, on est bien plus fort dans sa tête. En tout cas, c'est ce que j'ai ressenti quand je l'ai vu s'entraîner. Et je suis convaincu qu'il va tout donner pour cette finale[1]. »

Il a l'expérience, personne ne discute ses choix. Surtout pas moi, car il est le seul à me comprendre vraiment, à savoir me parler : « Donne-toi à fond, exprime-toi, nous, on est derrière toi. On veut que tu sois heureux, on t'aime, on t'aime, on t'aime... » Comment résister à ces quelques mots, que j'aurais tant aimé entendre ces dernières années ? Depuis tout gamin, je n'ai jamais souhaité autre chose qu'être respecté, reconnu, aimé pour ce que je suis et ce que je fais, et pas pour des images ou des postures qui ne me correspondent pas. Alors, quand on me parle comme ça, je sens monter en moi la force de déplacer des montagnes, d'affronter et de terrasser n'importe qui.

À quelques jours de la finale, tout le monde sent bien que rien n'est encore joué. Les Américains, généralement considérés comme la meilleure équipe du

---

1. *L'Équipe*, 29 novembre 1991.

monde, ont bien sûr sélectionné leurs joueurs les plus en forme. Ils nous opposent Agassi et Sampras en simple, et la paire Flach-Seguso en double. Autrement dit, avec Guy (Forget), on va « avoir du lourd » en face de nous, rien de moins que les tenants du titre.

À mesure que l'événement approche, on sent monter la pression. Dans les silences, les regards, les mots d'encouragement, on ne part pas jouer au tennis, c'est la guerre ! Pour employer les mots de nos adversaires, le *fighting spirit* nous habite littéralement, jour et nuit, mais pas de la même manière. Guy est plutôt stressé, alors que moi je n'en peux plus, je me dope à l'adrénaline et j'ai hâte d'y être pour en découdre.

Avant la finale, Patrice Hagelauer, qui connaît bien les Américains, souligne sans détour ce qui nous attend : « Même s'ils n'ont pas des styles de jeu comparables, Sampras et Agassi sont des types qu'il ne faut en aucun cas laisser partir en début de match. Car même si c'est vrai pour beaucoup de joueurs, ces deux-là se trouvent véritablement transfigurés dès qu'ils peuvent prendre le large au score.

À Lyon, Sampras, lorsqu'il a gagné, n'a jamais été inquiété et il a pulvérisé tout le monde. À Francfort, il est intéressant de remarquer que face à Lendl, qui n'était pas tout de suite entré dans la partie, il a atteint un niveau de jeu incroyable. En revanche, dès qu'il a été accroché par Courier en finale, il n'a plus mené son match de la même façon.

Agassi, c'est un peu la même chose. Quand il doit vraiment se bagarrer, il devient fébrile. C'est l'enseignement qu'il faut que les joueurs français retirent de ces quelques matchs. S'ils veulent battre les Américains à Lyon, il va leur falloir jouer le feu d'entrée ! Et là, ils auront leur chance. Sinon, cela risque d'aller très vite[1] ! »

Le 29 novembre 1991, sur la surface ultrarapide du Suprême Court du stade Gerland à Lyon, Guy joue le premier match face à Agassi. Bien qu'ayant atteint le quatrième rang du classement ATP dans l'année, il ne parvient pas à résister à l'Américain qui l'emporte en quatre sets. Comme le soulignera la presse, c'est plutôt « mal emmanché », car sans me l'avouer tout le monde comptait plus sur la victoire de Forget contre Agassi que sur la mienne face à Sampras.

Dans le vestiaire après le match, je rejoins Guy, qui visiblement s'en veut d'avoir perdu. Très calme, totalement concentré, je ne trouve qu'une chose à lui dire, qui sera abondamment reprise par les journaux : « *T'inquiète, Guy, je vais lui mettre une branlée, à Sampras.* » Guy me regarde en silence, l'air de penser que je me fais des illusions et que je vais bientôt tomber de mon nuage.

Quand quelques minutes plus tard, peu après 17 h 30, j'entre sur le court face au numéro six mondial alors que je suis redescendu à la cent cinquante-sixième place, à des milliers de kilomètres de là, aux États-Unis, un homme sait déjà ce qui va se passer.

---

1. *L'Équipe*, 19 novembre 1991.

C'est Nick Bollettieri, le grand manitou du tennis US, qui aurait bien aimé m'avoir dans sa *team*, mais que j'ai refusé de rejoindre après mes années avec Ion. Il me connaît bien et la petite phrase qu'il a prononcée avant la finale, tel un conseil avisé aux joueurs américains, va se révéler prémonitoire : « Le joueur le plus dangereux de l'équipe de France, c'est Leconte. Parce qu'il ne sait pas ce qu'il fait. » Cela pourrait prêter à sourire, mais la réalité va bientôt dépasser les estimations les plus nuancées des uns et des autres.

« Quand Henri Leconte et Pete Sampras entrent sur le court, les USA mènent 1-0. Mais le public, en quête d'un miracle, ne s'est pas calmé. Le Français aborde la rencontre avec une motivation et une détermination frisant l'inconscience… ou le génie. Sans être troublé, visiblement, par un adversaire qui, sixième joueur mondial, vient de remporter le Masters. Impérial au filet, réussissant presque tous ses passings, Henri Leconte est véritablement porté par le public. Il joue au top niveau… un tennis fabuleux. Et enchaîne les coups avec une rare audace. Pete Sampras fait la moue et ne peut rien face à l'énergie furieuse qui habite le Français, tant en fond de court qu'au filet[1]. »

Enfin lâché dans l'arène, à coups d'accélérations fulgurantes, de volées de revers sautées, d'une douzaine d'aces et de points gagnants aux quatre coins

1. *Lyon Figaro*, 30 novembre 1991.

du terrain, comme en état de grâce, j'enflamme le public et remporte le match en trois sets, laissant Sampras sans réaction.

« Écoutez-le, ce public du palais des sports de Gerland, hurler son amour, son admiration pour Henri. Écoutez ces cris venus des tripes qui poussent Leconte à se sublimer. Comme par magie, les banals "Hen-ri, Hen-ri" qui résonnent dans l'air étouffant de Gerland prennent, tout à coup, des dimensions épiques. Le cent cinquante-sixième joueur du classement ATP chatouille les étoiles, fait siffler sa raquette, aligne les points gagnants avec la classe d'un numéro un mondial. [...] Lorsque son dos ou ses genoux le laissent tranquille, qui peut résister à son jeu de gaucher-justicier ? Qui peut contrer ses services d'une précision chirurgicale avec, au départ, ce geste lent, ce buste droit, bien dans l'axe et, pour finir, cette brutale accélération et ce coup de poignet magique ? Qui peut tenir face à la plus belle volée de gaucher de la terre[1] ? »

Comme je le confierai plus tard à Eurosport : « Dès la première balle, je sais qu'il va en prendre une. Ce jour-là, j'avais un sentiment d'invincibilité. Je faisais ce que je voulais de la balle. J'étais comme un peintre avec son pinceau. Parfois, quand tu es survolté – et ça m'est souvent arrivé –, le truc finit par t'échapper sans que tu t'en rendes compte. Là, non. Jusqu'au bout, je contrôlais. C'est ça qui était fabuleux. »

1. *L'Équipe*, 2 décembre 1991.

La magie de la vie, ce sont le plus souvent des choses toutes simples, qui nous arrivent, que l'on rencontre. Un silence qui nous envahit, une émotion qui jaillit, un décor qui nous impressionne soudain, un animal qui surgit à quelques mètres et qui nous immobilise. C'est tout ce que l'on partage intensément avec ceux que l'on aime, qui nous accompagnent, et ceux qui nous entourent avec une bienveillante et authentique amitié. C'est un chemin dans la forêt, un vent qui nous ébouriffe, un soleil qui nous chauffe de partout. Ou simplement le fait d'être bien, au bon endroit, au bon moment. Et ne rien faire, juste sentir la vie qui pulse en nous, doucement, au fil des instants.

Et puis la magie de la vie, ce sont aussi, parfois, des moments inoubliables, que personne ne pourrait vivre à notre place, qui marquent à jamais notre mémoire. Nous faisant sentir qu'on est bien autre chose qu'un simple corps déambulant dans son quotidien. Cela vous transcende, vous fait vibrer, vous explose le cœur, vous arrache des larmes comme jamais.

En cette fin d'après-midi, de retour au vestiaire sous les compliments de l'équipe, ma victoire sur Sampras fait partie de ces moments-là. Au-delà de tout ce que j'ai vécu précédemment, pas encore redescendu des hauteurs où m'a porté ce match. Je suis fou de joie, évidemment, mais c'est un peu irréel, tant j'ai l'impression de ne pas avoir toujours été là, sur le court, laissant mon instinct de combattant faire le job, avec des coups improbables, que je n'aurais pas imaginés, mais gagnants. Bollettieri avait raison !

Et là, alors que le bonheur de cette victoire explose de partout, il n'y a plus le moindre doute, tout le monde est bien d'accord, à commencer par moi : je suis de retour !

« Il y a longtemps que je n'avais pas joué comme cela... et même jamais. J'ai fait le match parfait. Ces derniers mois, j'ai connu beaucoup de problèmes physiques, mais j'étais prêt à tout donner pour être sélectionné, puis disputer cette finale. Je dédie cette victoire à ma famille, à mon fils, aux gens qui m'ont vraiment aidé à revenir, à mes potes, à Yannick et à toute la France. C'est le plus grand moment de ma carrière... jusqu'à présent[1]. »

Patrice Dominguez y va aussi de son commentaire, sans équivoque : « Quoi qu'il puisse lui arriver maintenant, Henri a gagné son pari. Il a joué un match parfait et, après tous les problèmes physiques qu'il a connus, il a obtenu la plus belle des revanches dans la plus grande des occasions : une finale de Coupe Davis. Battre en effet celui qui est probablement le meilleur joueur actuel, c'est une performance que personne n'osait vraiment espérer. Henri a joué trois sets de rêve dans le registre le plus pur de l'attaquant : service-volée, retour-volée. Il a saisi toutes les opportunités d'avancer, de prendre Sampras à la gorge en permanence, pour lui faire ressentir à 100 % la pression d'un match joué à toute vitesse, et la pression

1. *Lyon Figaro*, 30 novembre 1991.

de la Coupe Davis que Sampras a découverte de la plus mauvaise des manières[1]. »

Les commentaires élogieux de ceux qui vous connaissent bien, qui vous ont accompagné tout au long de votre carrière et qui savent le prix que vous avez payé pour en arriver là font chaud au cœur. Ils ravivent la flamme qui parfois s'est éteinte au détour de moments compliqués.

Mais au-delà des précieux témoignages des proches, d'une presse qui semble me redécouvrir, quelques mots tout simples vont me toucher plus que tous les autres. Ceux de mon fils Maxime, que Yannick va lire devant des milliers de spectateurs : « S'il te plaît, papa, gagne la Coupe Davis et ramène-moi la coupe à la maison. »

On n'en a pas fini avec les Américains. On n'est qu'à mi-chemin, il reste deux matchs à jouer. Dès le lendemain, Guy et moi entrons sur le court pour disputer le double face à Flach et Seguso, que tout le monde considère comme la paire de référence au niveau mondial.

Contre toute attente, l'effervescence du public nous porte tout au long du match, et nous les « exécutons » en trois sets. Un grand pas est fait vers la victoire finale. Reste le simple que Guy doit jouer contre Sampras.

Deux semaines plus tôt, lors de la finale de Paris-Bercy, il l'a battu assez facilement. Après sa défaite face à Agassi, Guy retrouve un moral de combattant. Il sait qu'il peut le faire !

---

1. *L'Équipe*, 30 novembre 1991.

Le 1er décembre, les dés sont jetés. Lorsque les deux hommes entrent sur le court, le public applaudit généreusement pour les encourager, et dans le même temps on sent bien que tout le monde retient son souffle.

Dès les premiers échanges, la tension monte d'un cran. Les huit mille trois cents spectateurs du palais des sports de Lyon mettent une ambiance de fou à chaque point gagné par le Français. Et malgré un sursaut de Sampras au deuxième set, en réalité complètement dépassé, Guy expédie l'affaire et gagne en quatre sets.

C'est la folie dans les tribunes, un véritable chaudron !

Tout le monde gardera en tête l'image de Guy allongé sur le court en réalisant sa victoire, et de Yannick se précipitant vers lui en hurlant de joie. Quelques instants plus tard, une autre image marquera aussi les mémoires : toute l'équipe de France faisant la chenille au son de « Saga Africa », la chanson de Yannick, reprise et scandée par un public se lâchant complètement.

Cette victoire d'une bande de potes lancés à l'assaut du géant américain est un hymne à la ferveur de chaque instant, à l'ardeur au combat, au dépassement de soi, à la foi chevillée au corps pour faire reculer l'impossible et marquer l'histoire.

Pour l'anecdote, quelques jours avant la finale, les Américains ont déjeuné dans un restaurant étoilé de la région lyonnaise et pratiquement célébré à l'avance une victoire quasi évidente à leurs yeux. Forts de leur réputation de meilleure équipe au monde, ils ont sous-estimé notre rage de vaincre *à la française*, qui les a finalement terrassés.

Ils ne connaissaient probablement pas le dicton bien de chez nous, selon lequel « il ne faut pas vendre la peau de l'ours avant de l'avoir tué ».

Ce dont on ne prend pas encore la mesure, emportés dans un débordement d'émotions, c'est qu'en battant les Américains on réalise un bel exploit, remportant la septième Coupe Davis pour les Bleus, mais surtout la première depuis 1932 !

Et là, cinquante-neuf ans après les « Quatre Mousquetaires », sous le regard brillant de larmes de Jean Borotra qui fut l'un d'eux, il n'est plus question d'exploit : en nous emparant du Saladier d'argent, nous entrons pour toujours dans la légende du tennis français.

Ça, c'est pour la grande histoire. Celle que tout le monde va retenir, dont on reparlera longtemps dans le microcosme du tennis français – un peu moins dans celui américain !

Pour moi, c'est encore autre chose. Une fois redescendu de l'extase des premières minutes, de la fantastique folie des quelques jours de fête après la victoire, face à moi-même cela prend une dimension bien différente.

Les derniers mois ont été terribles. J'étais au fond du trou, et contre toute attente j'en suis sorti. Régénéré, grandi... vivant, quoi ! « Allumé grave » par la magie du tennis, par le plaisir intense de jouer, que j'ai tant adoré toute ma vie.

Me voilà revenu en pleine lumière. Mais surtout, revenu à moi, à ce que j'ai toujours été. Un combattant bien sûr, amoureux du risque et des points improbables sortis de nulle part, le public retrouvant son « Henri » avec ferveur dans le chaudron de Gerland. Mais aussi, surtout, dans l'ombre du tennisman ressuscité, de nouveau adulé par tous, l'être humain fragile et hypersensible ayant encore et toujours envie d'être aimé, non comme un héros ou une icône, mais pour ce qu'il est et ce qu'il fait.

À la différence de celles que j'ai déjà jouées, la Coupe Davis de 1991 restera comme un moment fabuleux dans ma carrière, avec en mémoire des bribes de souvenirs quasi irréels au-delà de ce que l'on vit habituellement sur un court, avec un retour au premier plan laissant sans voix les observateurs de tous bords, mais aussi un événement majeur dans ma vie d'homme.

Je n'ai que vingt-huit ans, et je sais à présent, pour l'avoir vécu déjà à plusieurs reprises, mais cette fois avec une évidence encore plus flagrante, que l'on peut toujours revenir du plus bas où l'on est tombé. La leçon est à présent gravée en moi. Comme l'est depuis des années la somme d'énergie, d'influx et de motivation qu'il faut déployer pour s'élever au rang des meilleurs.

Je ne sais pas si c'est ce qu'on appelle la maturité, mais j'ai l'impression d'avoir fait un grand pas vers ce que je suis. Et surtout que plus rien ne sera pareil, avec désormais la certitude que je peux soulever des montagnes si je m'en donne les moyens.

Ce que je ne réalise pas encore, emporté dans le bouillonnement de plaisir qui fait chavirer mon esprit, c'est qu'un autre chapitre de ma vie commence, annonciateur de promesses et de réalisations que je suis loin d'imaginer.

CHAPITRE 8
Retour sur terre

Quand on a l'occasion de monter très, très haut dans la vie, pour une expérience, un événement ou une période donnée, que l'on vibre très intensément dans une déferlante de sensations et d'émotions, quand l'adrénaline nous explose les sens et nous emporte au-delà de ce que l'on croyait possible, c'est totalement exceptionnel. Durant quelques minutes, une heure, un jour ou plusieurs semaines, cela frôle parfois l'irréel.

Le problème, c'est que l'exceptionnel ne dure jamais. Un jour ou l'autre, une fois engrangés les moments hors du commun qui seront les souvenirs impérissables de demain, qu'on le veuille ou non, il faut redescendre et revenir à la banale réalité.

Réaliser un exploit, comme nous l'avons fait à Lyon, est une chose. L'assumer et le dépasser en est une autre. J'irais même plus loin : y survivre en est une autre !

D'accord, c'est peut-être un bien grand mot, mais peu de gens réalisent vraiment, dans les semaines qui suivent notre victoire, ce que cela signifie et représente réellement pour nous autres, les joueurs.

Au fil des jours, la « planète tennis » est en effervescence bien au-delà de nos frontières, les médias exultent et ne tarissent pas d'éloges, on nous prend pour des héros, les petits *Frenchies* ayant surpris tout le monde en terrassant les Américains indomptables, mais je sens bien, en mon for intérieur, que peu à peu l'euphorie laisse place à une autre ambiance : celle du retour au quotidien.

Bien sûr, on sera marqués à jamais par ce que l'on vient de vivre, dont il est clair qu'on ne mesure pas encore totalement la portée, mais c'est à présent une autre réalité à laquelle il faut faire face. Celle de « l'après », que tous les compétiteurs victorieux, les *gagneurs* dans tous les domaines, ont connue au lendemain des célébrations qui les ont portés aux nues.

Et là, brusquement, la fabuleuse histoire que l'on vient de vivre prend une autre tournure. Une fois les lampions éteints, les journalistes retournés à d'autres priorités, on se retrouve tout simplement face à soi-même dans sa vie de tous les jours.

Je n'échappe pas à la règle. Et mes potes de l'équipe de France non plus, avec la même petite phrase qui, sourdement, nous trotte dans la tête : *Bienvenue... de retour dans la vraie vie !*

On a été tellement proches durant cette aventure, soudés littéralement les uns aux autres par cette motivation commune et cet esprit de corps qui nous ont portés jusqu'à la victoire, qu'on aimerait que ce fabuleux esprit d'équipe, presque de « commando », perdure. Alors on s'appelle, on fait tout pour continuer à se voir, passer des moments entre nous, un peu « hors du temps ». Mais chacun retourne bientôt à sa vie, vers ses obligations du quotidien, les engagements auxquels il faut faire face qui nous rattrapent inexorablement.

L'autre face du rêve accompli

C'est alors que je me retrouve face à moi-même. Je découvre quelque chose que je n'imaginais pas : l'autre face du rêve accompli.

J'ai bien sûr connu des succès, des victoires dans le passé. Mais rien qui ait ressemblé aux sommets d'accomplissement de cette Coupe Davis. Atteindre ce but m'a ramené à la vie, à ce qui n'a cessé de me faire vibrer depuis que je suis gamin. Tous ceux qui gravitent autour de moi depuis ma notoriété retrouvée ne manquent aucune occasion de me le rappeler, entretenant à leur manière une ambiance de fête à laquelle ils aimeraient que je participe.

Dans la prouesse accomplie, tout le monde voit le défi dont on est sorti vainqueurs avec les honneurs. Ce que personne ne pressent, sauf le premier intéressé, celui qui le vit de l'intérieur, c'est que cela vous change.

Sorti du groupe, de l'équipe, de la fusion du collectif, retrouvant une totale autonomie au fil des jours, je ne sais pas comment revenir à moi, ou plutôt à cet « autre moi » ressuscité par la victoire. Celui-là même que tous encensent désormais en permanence.

Les honneurs et les compliments ne cessent de me submerger, alors qu'intérieurement le retour au quotidien me ramène à un vécu bien plus simple. J'ai alors le sentiment que plus belle a été l'envolée vers les sommets de la réussite, plus douloureuse est la redescente dans la vie du commun des sportifs de haut niveau, lorsque le spectre de la gloire s'éloigne peu à peu et vous renvoie à ce que vous êtes, ce que vous avez toujours été, en deçà des reconnaissances éphémères du succès.

Force est de constater qu'au-delà de l'overdose d'honneurs venus de toutes parts, j'en vis une autre, physique celle-là. J'ai tant puisé dans mes réserves ces derniers mois pour revenir au meilleur niveau, j'ai tant donné, sans compter comme à mon habitude, que je n'en peux plus. Comme si le tennis, qui pourtant est toute ma vie, m'était à présent insupportable, au point que je ne veux plus entendre parler d'entraînement. Le moral en berne, la motivation au plus bas, je ne me reconnais pas, je n'y comprends rien. En baisse de régime à tous les niveaux, le héros est fatigué comme jamais.

Et c'est bien ce que je vois, un beau matin, dans le miroir de la salle de bains. Un type défraîchi au réveil, avec la mine défaite. Avec la sensation lancinante, quasi physique, que ma petite flamme intérieure s'est éteinte, faute de trouver encore son oxygène salvateur.

Mais alentour, le monde continue de tourner. Il se fout de mes états d'âme. La vie continue. Les jours s'enchaînent. Un semblant d'énergie pulse en moi, quand revient bientôt le temps d'honorer les engagements pris.

Retour sur les courts… trop court

Lorsque rien ne va, une opportunité se présente parfois. Quand bien même on est au plus bas, il faut savoir la reconnaître et la saisir.

Pour moi, une fois le tsunami émotionnel de la Coupe Davis éloigné, l'opportunité se présente sous une forme bien connue. Celle d'un homme qui me connaît depuis bien longtemps, depuis mon entrée à l'Insep.

À mes débuts, Fred Roche – encore une belle rencontre – était préparateur physique à la Fédération française de tennis. Il a été l'un de ceux qui ont révélé mon potentiel et contribué à « façonner » mon corps pour la compétition de haut niveau. Je lui dois énormément.

Lui seul comprend ce que je vis, ce que je traverse, comment je flotte entre souvenirs magiques et folles incertitudes quant à mon avenir. Alors il vient à moi, me tend la main… et je la saisis.

En quelques semaines, Fred va me reconstruire. Ou plutôt me redonner la foi, car physiquement le travail effectué pour la Coupe Davis est encore là. C'est dans la tête qu'il y a un sacré chantier ! J'ai beau assurer vis-à-vis de l'extérieur et ne pas trop le montrer, par moments la panique me gagne, la sensation que ma vie n'a plus de sens me submerge.

La meilleure preuve ? Ce sont mes résultats. Après Lyon, les compétitions reprennent. Dans la foulée de mes prestations lors de la victoire à Gerland, le public attend que j'enchaîne, que je confirme avec un égal brio mon retour au plus haut niveau, mais la réalité est sans équivoque. Quand on ne sait pas très bien où on en est, c'est très simple : il suffit de s'en tenir aux faits. Je ne mets pas un pied devant l'autre et ne gagne aucun match. L'hiver 1991-1992 prend les allures d'un cauchemar qui n'en finit pas.

Conscient qu'il y a un vrai problème, Fred décide de revenir aux fondamentaux, et pour commencer de tout arrêter, ne plus toucher une raquette. C'est sur l'intérieur qu'il faut travailler, pas sur le physique.

Lui faisant totalement confiance, je me contente alors de me ressourcer autant que possible. Je marche, je cours, je respire, je prends du temps pour moi, je vais m'aérer en pleine nature… en un mot, je « m'oxygène » la tête pour en sortir les doutes et les pensées négatives qui l'ont encombrée ces derniers temps.

De nouveau au top !

Après un nouvel abandon sur blessure à Cologne, dans le courant de 1992, la fin de l'année est un peu plus brillante, avec notamment trois victoires à Paris-Bercy, dont une contre Sampras.

C'est une bien maigre consolation, car je ne me sens pas encore réellement de retour à mon meilleur niveau. Ce que confirme bientôt le début de l'année 1993, avec seulement deux matchs gagnés et huit autres perdus en sept tournois. Alors, les doutes resurgissent, qu'il me faut contenir, juste pour ne pas replonger dans la déprime.

C'est alors que la magie de la vie va opérer, permettant à l'improbable de se produire. Pour imprimer à jamais dans ma mémoire une date autrement symbolique que bien d'autres : le 19 juin 1993.

Tout le monde a connu, un jour, une de ces évidences qui, surgissant de nulle part, s'imposent soudain et vous interpellent, qui bousculent votre quotidien de leur empreinte indélébile. C'est tellement flagrant, inexplicablement chargé de sens qu'on se laisse porter par la certitude intime et indicible d'une authenticité contre laquelle il serait totalement vain d'entreprendre quoi que ce soit.

Mon voyage dans l'ex-Allemagne de l'Est, à la mi-juin, va être de ces moments-là, où l'on ne semble plus rien maîtriser, alors qu'au contraire, sans en avoir la moindre conscience, les événements passés nous ont menés juste là, au bon moment, au bon endroit.

L'Open de Halle, qui se joue sur gazon, est généralement considéré, à l'égal du tournoi du Queen's, comme une préparation idéale pour Wimbledon qui se déroule deux semaines plus tard. Je l'aborde avec un moral mitigé, après une défaite au premier tour à Roland-Garros, trois semaines plus tôt.

Et là, sans aucun signe annonciateur, tout change. Dès le premier tour, je retrouve mon tennis et gagne en trois sets. Trois victoires plus tard, j'accède à la finale. Ce n'était pas prévu, mais j'y suis ! Pour le plus grand plaisir de Patrice Hagelauer, mon coach de toujours, qui m'accompagne cette fois encore de ses précieux conseils.

Je suis au top, comme sur un nuage. Quel plaisir de sentir mon corps répondre sans problème et de réussir tout ce que j'entreprends !

La perspective d'affronter Andreï Medvedev, le jeune Ukrainien considéré comme un espoir de tout premier plan, ne m'impressionne pas, comme si je savais déjà comment cela allait se passer. Et de fait, totalement confiant, je le bats facilement en deux sets.

La joie qui m'explose la tête est à la mesure de l'événement : je n'ai plus gagné de tournoi sur le « circuit » depuis cinq ans, en 1988 à Bruxelles. Maintenant c'est clair, je suis de retour !

C'est avec au cœur de grands espoirs que je gagne Londres quelques jours plus tard, bien décidé à mettre le feu au gazon de Wimbledon, que j'adore et où je me sens bien depuis longtemps.

J'ai retrouvé mes sensations depuis peu et la perspective de l'événement me stresse. Mais *a contrario*, ce sont les doutes émis par la presse, qui m'a pour ainsi dire « enterré » après ma défaite face à Bruguera à Roland-Garros en évoquant ma retraite sportive, qui me boostent avant d'entrer dans l'arène et d'en découdre.

Comme sur un nuage, je sors successivement Perez, Prinosil et Krickstein, sous les ovations du public londonien debout dans les gradins, jubilant de revoir sur le Centre Court le bien nommé *lovely charming dear Henri*.

Au seuil du huitième de finale, qui va m'opposer à Boris Becker, je reste sur huit victoires consécutives sur gazon. Autrement dit, tous les espoirs sont permis, face à un joueur que j'ai déjà battu. J'apprendrai plus tard qu'au vu de ma forme du moment, il se méfiait sérieusement de moi avant le match, même s'il a déjà su m'imposer son tennis à neuf reprises dans le passé.

Comme prévu, le match est âprement disputé et je ne m'incline qu'au quatrième set, après m'être battu aussi vaillamment que possible devant quinze mille spectateurs dans les gradins et des milliers d'autres à la télévision, FR3 ayant même modifié son programme pour retransmettre le match.

Pour moi, le tournoi s'arrête là, mais je sors rassuré sur mon tennis, certain que j'ai encore de beaux matchs à disputer devant moi.

Après avoir débuté difficilement, 1993 aura finalement été une belle année tennistique pour moi. En dépit des problèmes physiques que j'ai pu avoir, tout le monde s'accorde à reconnaître que je suis de retour et que je reste capable d'affronter victorieusement les meilleurs.

Cette année-là est aussi celle de mon trentième anniversaire, célébré le 30 juillet à Saint-Tropez lors d'une fabuleuse fête, organisée par mon ami de longue date

Eddie Barclay, avec tous ceux qui me sont proches et une foule d'amis.

La magie de la vie

Les scientifiques, les initiés spirituels, les livres des grands sages nous disent tous qu'avant toute chose, toute pensée nous envahissant l'esprit, c'est la « magie de la vie » qui l'emporte, et de loin, sur les préoccupations matérielles ordinaires et quotidiennes, si souvent égoïstes, de nos petites personnes.

La vie est là, qui pulse en nous, et tout autour de nous. Son souffle anime tout ce qui existe, ce qui EST, avant même que nous portions le moindre jugement sur ce qui nous entoure. Le reste n'est qu'une question d'adaptation, d'acceptation, en fonction de notre conscience du moment.

Et qu'est-ce qui détermine notre conscience du moment ? Les enseignements que nous tirons, avec plus ou moins de lucidité, de nos expériences !

Trente ans est habituellement l'âge auquel on commence à acquérir une certaine maturité. La décennie précédente nous a normalement fait sortir d'une adolescence parfois prolongée et entrer dans la vie active. Avec plus ou moins de succès, on a généralement posé les bases de ce que sera notre futur.

Mais à l'évidence, pour moi, la magie de la vie en a décidé autrement !

À trente ans, j'ai déjà vécu tant de choses, de moments inoubliables, de rencontres fascinantes, d'expériences au-delà de ce que j'aurais pu imaginer, d'échecs cuisants et de défaites douloureuses comme de réussites uniques et fabuleuses, que j'ai l'impression d'avoir grandi et vieilli plus vite que les autres.

Et ce miracle de la vie, j'en veux encore !

Ce que n'imaginent pas ceux qui ne l'ont pas vécu, c'est qu'on devient vite accro à l'adrénaline des moments et des situations intenses, des défis assumés avec une énergie hors du commun, des réussites exceptionnelles.

Celle-là même qu'ont connue de tout temps les inventeurs, les découvreurs, les artistes, Teddy Riner onze fois champion du monde de judo, ou encore Jean-Luc Lagardère dans les affaires, dans la fièvre de la quête de l'excellence qui génère les plus belles réussites.

Quoi qu'il arrive, dès que la fiévreuse envolée d'une réussite s'estompe, on est très vite *en manque*. On veut retrouver les vibrations extrêmes de la « gagne », dans une explosion des sens et un dépassement de soi que l'on ne contrôle pas vraiment, où tout s'enchaîne comme par miracle dans une sorte d'accomplissement total de ce que l'on est et de ce dont on est capable.

Trente ans… et toujours là !

Mon corps a beaucoup souffert, mais je suis revenu, j'ai retrouvé mon tennis. Je sais que je peux encore affronter les meilleurs. Ma vie tourne toujours autour des petites balles jaunes, que je vais renvoyer inlassablement aux quatre coins du monde jusqu'en 1996.

Durant cette période, ma vie sentimentale prend un nouveau tournant avec une nouvelle rencontre et un mariage en 1995. La naissance de Sara Luna, mon trésor, viendra illuminer pour un temps notre histoire, mais l'inévitable nous éloignera finalement l'un de l'autre en 1998. Fin de partie.

Réalisant qu'une fois encore je me suis abandonné au rythme et aux exigences de ma compagne pour guider ma vie, je n'aurai dès lors d'autre désir que d'être reconnu et aimé pour ce que je suis et non pour ce que je représente, en un lieu où m'enraciner et vivre en paix avec les miens. Avec encore et toujours à l'esprit l'espoir de rencontrer une femme avec qui tout partager dans une dynamique et une harmonie totales.

CHAPITRE 9

Une autre vie

Roland-Garros a toujours été mon terrain de jeu. Après mes années de formation à l'Insep, c'est là que tout a véritablement commencé.

Là que j'ai gagné le titre junior en 1980.

Là que j'ai rencontré Ion Ţiriac, qui m'a tant apporté, comme un *second père*.

Là que j'ai affronté et parfois battu les plus grands, accédant aux demi-finales à trois reprises, et à la finale en 1988 contre Mats Wilander. Que j'ai connu aussi de grandes douleurs et de cuisants échecs.

Bref, tout ce qui a fait une vie d'une richesse incroyable, au fil du temps qui a passé.

Un beau jour, le corps si souvent éprouvé, cassé, parle à sa manière, dresse de nouvelles limites. De toute évidence, le temps est venu de « raccrocher ».

Alors, c'est là, sur la terre battue de Roland-Garros qu'en 1995 je souhaite terminer ma carrière, mettre fin à cette belle aventure, à ces moments de fabuleuse complicité avec mon public.

Malheureusement, cela ne se passe pas vraiment comme je l'espérais, car une fois de plus je suis blessé, juste avant de commencer le tournoi.

Cela ne peut pas finir ainsi. Je décide donc de revenir à Roland-Garros l'année suivante.

1996 restera dans ma mémoire comme l'année d'une « sortie » aussi émouvante et brillante que possible, avec cet instant inoubliable quand, à la fin de mon dernier match, battu au premier tour, je monte sur la chaise d'arbitre et prononce des mots que je n'oublierai jamais : « En 1988, il s'est passé un truc, on ne s'est pas bien compris… C'est un peu ma faute… Aujourd'hui, je dis adieu au tennis, je vous dis adieu… C'est un peu comme une histoire d'amour. On se quitte à présent. Je suis très triste et malheureux, mais je ne vous oublierai jamais. J'ai vécu des moments extraordinaires grâce à vous… »

La FFT n'avait prévu aucune cérémonie ni aucun discours pour mon départ, au terme du dernier match de ma carrière. C'est pour cela que j'ai pris l'initiative de monter sur la chaise d'arbitre, pour m'exprimer avec mon cœur, mes émotions, et dire au revoir à mon public. Je n'oublierai jamais ce moment où je vous ai dit : « *AU REVOIR, JE NE VOUS OUBLIERAI JAMAIS.* »

Prendre sa retraite, mettre un terme au jeu auquel on a joué durant des décennies, qui plus est dans l'un des plus grands rôles, conduit inévitablement à dresser un bilan. Qui, dans la plupart des cas, tient simplement en quelques mots.

Neuf titres en simple et dix en double, trois qualifications au Masters de New York, au Madison Square Garden, finaliste de la Coupe Davis 1982 contre les États-Unis et vainqueur de la Coupe Davis 1991 contre la meilleure équipe du monde. Tout cela a ponctué mes années de tennis au plus haut niveau.

Le palmarès est plus que séduisant, reflet d'une carrière ô combien remplie de plaisirs immenses, d'excitations et de moments de ferveur inoubliables, de satisfactions gratifiantes et mémorables, mais aussi de concessions et de douleurs inimaginables pour le grand public. Sans compter le choc inévitable, auquel on n'est jamais totalement préparé, inhérent à l'arrêt de la compétition.

Tous les sportifs de haut niveau sont confrontés un jour ou l'autre à ce que l'on désigne entre nous comme la « petite mort ». Ce moment indicible où, réalisant au fond de soi que ce sur quoi on a fondé plusieurs décennies de notre vie prend fin, on a l'impression que tout s'arrête.

Sans qu'on le montre forcément, plus ou moins brutalement, soudain le vide nous envahit. Le temps s'arrête. Comme si la vie n'avait plus de sens, nous ramenant aux sensations simples et ordinaires du commun des mortels.

On se découvre en manque de l'adrénaline bouillonnante des compétitions, des efforts surhumains durant des heures, des satisfactions inouïes à chaque set gagné, à chaque victoire arrachée à la force du poignet. Oui, c'est ça : on est juste nourri de longue date par l'intensité des vibrations que nous a procurées la quête incessante de la performance.

L'évidence est là. Qui nous heurte, nous emporte, quand bien même on fait bonne figure pour la galerie. Avec laquelle il va falloir vivre pour les temps à venir.

Par chance, une bonne fée – ou mes fameuses planètes ! – semble veiller sur moi à ce moment plus que délicat, et je ne vais pas connaître les affres habituelles de la « petite mort ».

Tout juste éliminé du tournoi de Roland-Garros 1996, après les quelques mots offerts au public en guise d'adieu, ses applaudissements interminables encore en tête, France Télévisions me sollicite pour commenter le reste des matchs de la quinzaine. Si bien qu'en quelques jours je vis une transition totalement inattendue : je passe du statut de joueur professionnel à celui de consultant pour la télévision !

Dans le développement personnel, on parle beaucoup de « lâcher-prise », de cette attitude qui consiste à ne pas trop s'attacher au passé. Il est conseillé de l'employer face à tout ce qui, de près ou de loin, ressemble à un regret susceptible de nous faire souffrir. Il est considéré comme très bénéfique et apaisant, « ré-harmonisant », de lâcher prise volontairement.

Et puis il y a les lâcher-prises qui vous sont imposés. Comme quand votre corps fatigué, épuisé, laminé par tant d'efforts durant tant d'années réclame que vous mettiez un terme à votre carrière.

Lâcher prise, c'est renoncer, aussi posément et sereinement que possible, en acceptant que ce qui vous a servi, vous a appartenu, a fait partie de votre vie durant un temps, en sorte, s'en éloigne pour venir grossir les rangs de vos souvenirs.

Mais il y a aussi des lâcher-prises bien plus douloureux que d'autres, des imprévus que vous ne pouvez imaginer lorsque la vie vous met à l'épreuve.

Cela peut être des blessures physiques, comme celles déjà surmontées, sentimentales et maintenant financières, lorsque la confiance que vous avez donnée aveuglément à un professionnel de grande renommée est trahie du jour au lendemain, et que vous vous retrouvez sans rien.

Ce lâcher-prise-là marque mon année 1997 bien plus que tout le reste, remettant comme on dit les pendules à l'heure... et surtout les comptes à zéro ! Mais, en réalité, bien autrement qu'on pourrait l'imaginer.

En premier lieu, il y a bien sûr la rage de s'être fait escroquer, qui plus est par une personne que l'on pensait de confiance depuis des années ; de se retrouver dépouillé de tout ce que l'on avait, ce qui va nécessiter de réorganiser sa vie, de vendre tout ce que l'on a encore pour garder la tête hors de l'eau.

Au fil des jours, au-delà de ce que l'on considère comme un viol de notre confiance, on réfléchit à ce qui vient de se produire, jusqu'à ce qu'un beau jour une évidence s'impose : c'est peut-être le moment de se poser les bonnes questions, de se demander ce qui est vraiment important dans notre vie.

On a pensé ne plus rien avoir, mais en fait on est toujours en vie, avec autant d'énergie et de potentiel de réalisation qu'auparavant.

Alors on réalise finalement que notre vraie richesse n'est pas celle du porte-monnaie, car tout le monde peut en avoir un, souvent bien plus gros que le nôtre, mais celle du cœur, de « notre » cœur, car bien avant toutes les possessions matérielles c'est notre bien le plus précieux.

La renaissance

Redevenu célibataire en 1998, je fais évidemment des rencontres çà et là, mais à l'évidence ce n'est jamais la « bonne ». Alors je me plonge dans le travail.

À la sortie de mon dernier match à Roland-Garros contre Thomas Johansson, en 1996, je suis passé directement devant les caméras de France Télévisions, comme consultant aux côtés de Pierre Sled, l'animateur vedette de l'époque.

Je me sens bien de pouvoir m'exprimer à ma façon, avec mes mots, mon expérience, mon enthousiasme. On peut se permettre d'être soi, d'inviter au dernier moment quelques célébrités, grâce à Pierre qui me fait confiance et me donne carte blanche.

Pendant quelques années, cela va être une très belle expérience, une transition intéressante qui va me permettre de mieux comprendre ce monde que je connaissais, mais à présent depuis l'autre côté de l'écran. Merci, Pierre.

Vers mes trente-cinq ans, grâce à Patrick Proisy, ancien finaliste de Roland-Garros (comme moi), je commence à jouer également sur l'ATP Champions Tour. Cela va durer pendant de longues années.

La pression n'est plus là, remplacée par la joie et l'amour du jeu avec tous mes potes, mes idoles : Peter McNamara, qui me manque terriblement, Björn Borg, John McEnroe, Jimmy Connors, le très généreux Mansour Bahrami, Yannick Noah, Mats Wilander, Johan Kriek et tant d'autres... De vrais moments de partage, d'histoires invraisemblables, de complicité et d'amour.

Cela va durer jusqu'à mes cinquante-huit ans, dans le monde entier. Avec juste en 2001 un épisode dont je me serais bien passé.

J'ai alors trente-huit ans et je suis à Dublin, pour un tournoi du Champions Tour, et je vais frôler la mort.

Tout commence après un match contre Jakob Hlasek, que je gagne difficilement. Je me retrouve au Players' Lounge, où je prends mon repas, quand tout à coup j'ai l'impression qu'une personne me vide une bouteille d'eau sur la tête. Et soudain tout s'enchaîne. Je me déshydrate à une vitesse incroyable, je commence à vomir, avec un mal de tête insupportable.

Les organisateurs et les médecins du tournoi, me voyant dans cet état, appellent d'urgence une ambulance, et je me retrouve bientôt à la Blackrock Clinic de Dublin, un établissement spécialisé qui va rapidement déceler une méningite foudroyante.

Je suis alors entre conscience et perte de conscience profonde. Plusieurs examens sont réalisés, notamment pour voir s'il s'agit d'une tumeur au cerveau.

Le diagnostic final est posé en fin de journée grâce à un médecin revenant de Houston (États-Unis), spécialiste des méninges, qui met aussitôt en place un protocole de guérison pour stopper l'évolution rapide de la bactérie qui est en train de me tuer.

Bien des années après, cet épisode reste pour moi tel un « voyage hors du temps », durant lequel, en semi-coma, je me suis retrouvé au centre d'un tunnel d'une pureté blanche, avec à chaque extrémité une main, l'une me disant « Viens avec moi, tout sera calme, paisible, merveilleux, sans plus aucune souffrance », et l'autre renchérissant « Non, bats-toi, il y a encore beaucoup de belles choses à accomplir ».

À mon réveil, un peu perdu sans réellement comprendre ce qui m'était arrivé, les médecins m'ont expliqué que j'avais frôlé la mort et confirmé que mon état physique de sportif de haut niveau avait certainement contribué à lutter contre la bactérie pour finalement m'en sortir en vie.

Je suis resté quinze jours dans cette clinique, seul, mais bien entouré par le staff médical, et je l'en remercie encore de tout mon cœur.

Malheureusement, les séquelles de cette infection ont persisté durant six mois, avec une perte d'équilibre et de mémoire, pouvant par moments causer de grandes fatigues et me jouer des tours.

Guy Robert, un homme que j'avais rencontré il y a quelques années avec Frédéric Roche, mon entraîneur physique de l'époque, m'a proposé d'aller faire ma convalescence à Rabat, au Maroc, dans un endroit paisible, et de me reposer dans l'hôtel dont il était le directeur.

Homme d'une extrême gentillesse et d'une grande générosité, il m'a permis de reprendre des forces, et reste aujourd'hui encore un ami fidèle.

Avec cette épreuve, j'ai compris que tout peut basculer rapidement. Il y a toujours une main tendue, qu'il faut savoir saisir. Faire les bons choix, c'est aussi écouter notre for intérieur, qui nous guide à chaque instant.

Mon intuition est encore plus présente à ce jour.

Durant mes années de l'ATP Champions Tour, j'ai fait la rencontre d'une femme qui deviendra ma troisième épouse, union de laquelle naîtront deux beaux enfants, Ulysse et Marylou. Nos attentes envers la vie n'étant pas en équilibre et en harmonie, notre séparation sera inévitable.

Dans le monde des médias, après France Télévisions, deux rencontres exceptionnelles, Jérôme Papin et Arnaud Simon à Eurosport, me permettent de réaliser mon rêve d'avoir ma propre émission, *Avantage Leconte*, qui deviendra par la suite *Le Conte d'Henri*, plus en phase avec ma personnalité et me permettant de m'exprimer plus librement.

De 2011 à 2021, je pourrai ainsi rejoindre les prestigieux tournois du Grand Chelem : Open d'Australie, Roland-Garros, Wimbledon et US Open.

Les voyages me nourrissent depuis très jeune. Parcourir le monde, partir à la découverte des cultures, des civilisations, m'adapter rapidement – comme aux différentes surfaces sur lesquelles j'ai pu jouer – a contribué à m'enrichir dans mon évolution.

L'Australie est l'un des continents qui m'ont le plus marqué et fasciné.

L'ATP Champions Tour et Eurosport m'ont fait voyager dans beaucoup d'endroits du monde, mais l'Australie et les Australiens m'ont accueilli avec beaucoup d'amour et de générosité.

Dès le départ, des rencontres m'ont propulsé dans l'univers des médias, surtout la télévision Channel 7 (partenaire officielle de l'Open d'Australie à cette époque), grâce à Jane Cameron, une passionnée perfectionniste, affichant une réelle joie de vivre et m'introduisant dans certaines publicités australiennes partenaires de AO (Open d'Australie).

Le voyage continue à ce jour, différemment, humainement par le biais de mes interventions et conférences dans le monde de l'entreprise, ce qui est aussi extrêmement enrichissant. L'évolution, la progression, la transition, le renouveau de tous ces projets enrichissent chaque jour une nouvelle renaissance.

En 2010, la ville de Levallois-Perret me propose de devenir président de la section tennis du Levallois

Sporting Club, qui compte alors deux mille sept cents licenciés.

C'est une grande surprise pour moi, forte en émotions, mais je réalise aussi qu'il sera bien différent de gérer un club de tennis que de maîtriser une raquette sur un terrain.

C'est une nouvelle expérience et en acceptant je suis bien déterminé à m'investir à 100 %, pour transmettre ma passion. Cela va me demander d'être à l'écoute et de m'adapter, d'apprendre tous les rouages du management, aussi bien humainement qu'administrativement.

Moi qui ne suis pas allé très loin dans mes études, il me faut de nouveau apprendre, sur le terrain et pas seulement sur les courts, mais aussi tout ce qui est lié à la gestion et à l'entrepreneuriat.

Je vais peu à peu m'entourer des bonnes personnes, prendre des décisions, savoir qui intégrer à mon équipe. Comme tout leader, j'apprends à préparer mon staff à toute éventualité. Grâce à mon expérience vécue durant toutes ces années en tant que sportif de haut niveau, le parallèle entre le sport et l'entreprise va beaucoup me servir, et tout va se mettre en place naturellement, au point que je me sentirai bientôt à ma place dans ce nouvel environnement.

Là comme dans bien d'autres domaines, gérer l'humain est le plus important, car c'est ce qui accompagne le succès dans une organisation, à condition de le faire avec ouverture d'esprit, psychologie, écoute, mais également de mettre des limites afin de prendre les bonnes décisions et d'aller dans la bonne direction.

Depuis des années, je parraine également diverses associations, dont la variété m'a permis de ressentir et de comprendre l'importance d'être présent et d'accompagner avec mon cœur.

J'ai toujours eu en moi l'envie de partager ce que la vie me donnait, d'être à l'écoute des autres dans leurs épreuves et d'apporter ma part de bonheur, grâce à mon éducation. C'est sans doute l'héritage de mes grands-parents, qui venaient de la DDASS, de savoir tendre la main et donner de l'amour à tous ceux qui nous entourent.

La passion comme moteur

Après avoir nourri si longtemps mon amour du tennis, la passion ne m'a pas quitté à la fin de ma carrière tennistique.

J'ai trouvé dans le sport automobile une autre manière d'aller au-delà de ce que je pensais être mes limites.

Tout jeune déjà, en plus du tennis, les voitures vibraient en moi, résonnaient comme un moteur.

Dans ma famille, on l'a très vite compris, et l'on disait fréquemment : « *Henri a un moteur dans le ventre.* » Sans doute un lien avec mon père qui voyageait beaucoup en voiture.

Une nouvelle fois, c'est une rencontre qui a tout déclenché. J'avais à peine dix-sept ans quand j'ai croisé Jean-Pierre Fleur, dit « Pipo », sur le circuit Dunlop Tennis à Valence.

D'autres rencontres fascinantes lui ont succédé, avec Jacques Laffite, un homme généreux, délicat, sincère, qui m'a appris à conduire à grande vitesse ; Alain Prost, surnommé « le Professeur » pour avoir été quatre fois champion du monde, comme moi au top de son sport, et qui m'a inspiré sa rigueur ; et aussi Jean-Pierre Beltoise, Jean-Pierre Malcher... sans oublier Ayrton Senna, à la fois mystique et généreux, avec sa voix calme, son écoute incroyable et sa manière très posée de parler, avec qui j'ai eu la chance de passer trois jours en essais, chez Williams Renault, en compagnie de Damon Hill sur le circuit du Castellet. Ou encore François Chatriot, surnommé « le Chat », à la fois doux et incisif dans sa conduite comme dans la vie.

La conduite nous apprend beaucoup sur la personnalité de quelqu'un, comme sa manière de jouer sur un terrain de tennis. On peut être attaquant, en attente, jusqu'à donner son dernier coup de patte et passer à la vitesse supérieure en pleine conscience et maîtrise pour franchir la ligne d'arrivée.

La prise de risque sur circuit est venue alimenter mon besoin d'adrénaline. La passion pour le sport automobile m'a permis de canaliser ma prise de risque sur les courts.

Ma première voiture a été une 104 ZS Peugeot bleu roi – quelle couleur ! –, gagnée sur le circuit Dunlop à Douai, au terme d'un pari lancé et tenu par le concessionnaire local Peugeot une année auparavant, me disant alors : « Si tu gagnes l'année prochaine, je t'offre ta 104 ZS ! » Ce que j'ai fait deux fois de suite !

Les gens du Nord n'ont qu'une parole. Il a exaucé mon rêve, malheureusement je n'avais pas encore le permis, alors c'est ma sœur Frédérique qui m'a conduit sur le circuit.

Quelques années plus tard, une autre rencontre va être géniale, au salon Rétromobile, avec Eric Van de Vyver, un personnage atypique et chaleureux, originaire lui aussi du Nord, qui organise des courses historiques de compétition. Il va beaucoup m'apprendre sur la mécanique et le pilotage, la façon de « respecter » une TVR de 1964, l'écouter, lui parler et la dompter. Des valeurs qui me serviront tous les jours dans ma vie personnelle.

CHAPITRE 10
Du présent au futur

Dans une vie, on pense généralement que c'est le nombre d'années vécues qui compte.

Les plaisanteries sur la sagesse et le savoir des anciens font sourire, le plus souvent avec une certaine condescendance. Avoir enchaîné les décennies sans trop de problèmes vous confère une aura que l'on considère généralement comme plutôt respectable… et le simple passage des cheveux foncés aux cheveux gris y est aussi parfois pour quelque chose !

Cependant, on oublie trop souvent que la réalité d'une trajectoire humaine est bien plus que la seule accumulation des années au compteur de l'existence. Car au-delà des savoirs et des connaissances emmagasinés, des bonheurs comme des épreuves traversées, des rencontres plus ou moins bien assumées, la réalité la plus authentique de ce que l'on est réellement tient à *l'expérience* acquise au fil du temps.

Savoir est une chose, expérimenter en est une autre. La meilleure preuve en est que nous sommes tous entourés de gens très savants (ou qui le prétendent), qui le plus souvent n'ont pas expérimenté ce qu'ils prônent avec un aplomb surprenant, tels des « faiseurs de certitudes » n'ayant jamais franchi le seuil de la mise en œuvre de ce qu'ils avancent.

Or la seule réalité à prendre véritablement en compte dans notre vie de tous les jours, c'est l'expérience que l'on en fait très concrètement, ce que l'on apprend des décisions et des situations dans lesquelles on s'implique, et ce qui en résulte de la plus concrète des manières. La somme de ces expériences est à la source de toute évolution.

Vous l'aurez compris, l'expérience est le thème majeur de ce livre. Mon expérience.

Une expérience de vie qui n'a d'autre mérite que d'être la mienne, mais dont je pense qu'elle pourra être utile à certains, car en bien des aspects elle concerne tous ceux qui aspirent à une réelle évolution, à la fois dans un mieux-être personnel et dans leur réussite professionnelle.

Soyons clairs : ce témoignage n'a pas la prétention d'imposer une vérité, juste de proposer quelques clefs permettant d'affronter sereinement les défis du quotidien, de tendre vers l'excellence et d'ensemencer de grandes performances.

Votre vécu ne ressemble probablement pas exactement au mien. Vous ne connaîtrez pas forcément ce que j'ai traversé, et vous ne serez pas tous numéro cinq mondial dans votre activité, mais il est une chose que nous avons en commun, que nous avons partagée sans encore nous connaître : c'est le besoin de s'accomplir, la volonté de réussir quoi qu'il en coûte, le désir de s'élever parmi les meilleurs et de retrouver aussi souvent que possible « l'ivresse de la gagne ».

Pour avoir connu des épreuves et des moments difficiles, et aussi l'exaltation des plus belles victoires, je peux en parler, en cerner les fondements, dont certains pourront certainement vous enrichir. Simplement parce que l'expérience peut servir d'exemple, dont chacun s'approprie la portée à sa manière dans son propre univers.

Si la vie humaine a un sens, c'est celui de l'expérience qui en souligne indiciblement tous les choix, en diversifie et pondère les moindres expressions. C'est l'accumulation de toutes les empreintes que nous posons dans le monde matériel pour affirmer notre présence aussi longtemps que la vie pulse en nous.

Alors, si vous le voulez, partageons. Et vous verrez que le meilleur peut en résulter, peut-être bien au-delà de ce que vous imaginez.

L'expérience, mais de quoi parlons-nous ?

De ce qui, chez les créateurs, les inventeurs, les entrepreneurs de tous bords résulte de ce qui a été créé, mis en œuvre, développé dans un seul but : s'affirmer, insuffler de l'énergie à ses propres compétences, à des savoir-faire ; donner vie et forme à des projets simples ou d'envergure, qui tous avaient pour fondement premier l'excellence, le dépassement de soi, dans la ferveur de quelques vieux adages tels que « tout est possible » ou « pourquoi pas moi ? » Ou plus simplement la certitude intime, secrète et inavouée d'être capable d'accomplir le meilleur dans son champ d'action.

Voilà ce dont il était question ici. Qui vous concerne tout autant que moi. Et plus généralement toutes celles et tous ceux qui nous entourent. Car, reconnaissons-le, qui ne souhaite pas réussir dans ce qu'il rêve, dans ce qu'il projette, dans ce qu'il entreprend ?

C'est de ce qui nous motive, nous permet d'avancer, de progresser, d'affronter les problèmes, de surmonter les échecs, d'évoluer encore et encore quoi qu'il arrive, que je souhaite vous entretenir.

Pourquoi moi plutôt qu'un autre ? Parce que, comme le soulignent les pages précédentes, mon histoire parle pour moi : je suis passé par toutes ces nuances, des plus douloureuses et contraignantes vous mettant plus bas que terre jusqu'aux réussites les plus magiques et fascinantes à peine imaginables. Alors aujourd'hui, j'aimerais que ces quelques décennies d'expérience parlent aussi pour vous.

Chacun de nous a sa propre expérience de la vie. Son enfance, son éducation, ses choix majeurs au fil des années, son environnement humain et son parcours professionnel. Il n'y a rien à juger d'une quelconque manière sur ce qui a été fait, accompli, enduré, supporté. Le passé est le passé, on ne peut rien y faire ; il faut juste l'assumer, sans rien renier car cela ne mène à rien.

En revanche, on peut toujours interrompre pour un temps la course folle dans laquelle nous entraînent les obligations et les impératifs du monde moderne, poser le sac, s'interroger sur ce que l'on est, ce que l'on fait, et surtout se demander si cela répond véritablement à nos attentes, à nos besoins, si cela nous épanouit et enrichit notre existence au quotidien.

Un constat, juste ça, en toute objectivité. Sans rejeter sur les autres, comme souvent, la responsabilité de ce qui ne répond pas à nos attentes.

C'est là, dans cette parenthèse de lucidité, que les quelques pages de mon témoignage pourront apporter un autre éclairage sur votre trajectoire, avoir un sens pour vous et vous permettre d'inaugurer un nouveau départ.

Maintenant

Où qu'on en soit dans sa vie, dans sa trajectoire, dans son métier, dans ses affaires, avant même tous les impératifs et les contingences du quotidien, l'important, c'est « maintenant ».

D'accord, ça peut paraître banal de le dire, mais il y a beaucoup d'enseignements à tirer dans le fait d'accorder au présent une valeur qu'on a trop souvent négligée.

Quel que soit notre âge, on a vécu, assumé beaucoup de choses, fait des rencontres, tenté des expériences, traversé des périodes « sans », d'autres ponctuées de réussites. Et toujours, dans tous les cas, de bon gré ou contraint, on a fait bonne figure. Simplement parce que les jours s'enchaînent et qu'il faut bien « assurer ». Mais rien ne nous oblige à le faire n'importe comment.

Je ne suis pas un donneur de leçons. Je n'ai pour tout bagage que mon expérience de sportif de haut niveau et je ne prétends à rien d'autre.

Ayant quitté l'école à quatorze ans, pour entrer à l'Insep et bientôt orienter toute ma vie vers le tennis, j'ai toujours eu la sensation d'avoir raté quelque chose.

Je ne renie rien, bien sûr, mais ne pas avoir fait d'études, ne pas avoir acquis suffisamment de connaissances m'a souvent fait ressentir une sensation d'infériorité, de ne pas être à la hauteur avec les personnes que je rencontrais, dans les milieux que je côtoyais, où on savait bien parler, faire état de références que je n'avais pas. Personne n'en savait rien, mais cela m'a longtemps mis mal à l'aise, peut-être même complexé.

Puis les hauts et les bas de ma carrière, les rencontres professionnelles et celles plus personnelles ont contribué à m'enrichir, à me donner plus d'assurance au fil des années. Comme on dit, j'ai « grandi »… pas toujours en sagesse, continuant parfois à effectuer des choix hasardeux, mais le plus souvent avec bienveillance, simplicité, et aussi une certaine authenticité, au point d'être parfois embarqué malgré moi dans des aventures se révélant peu enrichissantes.

Comme tout le monde, la vie m'a appris. J'ai appris, des réussites comme des échecs. J'ai opté pour des choix qui m'ont mené dans le mur et fait tomber. Mais chaque fois, mû par un solide instinct, je me suis relevé, je me suis battu pour revenir, me retrouver.

C'est peut-être la seule et véritable leçon que j'ai retenue des enseignements des uns et des autres comme des événements qui ont émaillé toutes ces années. Le fait que rien n'est jamais acquis, définitif. On peut toujours changer, remettre en question ce qui nous stoppe dans notre élan, nous entrave, nous affecte, nous terrasse et paraît incontournable.

Quoi qu'il arrive, on a toujours en soi l'énergie fondamentale qui pulse depuis notre premier jour, qui fait battre notre cœur et qui irrigue nos veines. Celle-là même qui dans le passé nous a permis bien des fois d'oser, d'entreprendre, de tenter de réaliser nos rêves, et souvent de réussir.

C'est cette énergie qui m'a permis de renverser la vapeur quand tout allait mal, que je venais d'être terriblement déçu par une défaite, gravement touché par une blessure, lourdement handicapé après une opération. Ou plus simplement quand le moral n'y était plus, que je me laissais envahir par les désirs de notoriété des autres, que je doutais d'être encore un redoutable compétiteur, que j'imaginais perdre la passion qui m'avait guidé jusque-là et ne plus trouver de sens à ma vie.

Aujourd'hui, je suis là. Plus en vie que jamais à soixante balais ! Riche des expériences d'un sportif de haut niveau, numéro cinq mondial en son temps, et surtout avec à l'esprit une certitude, probablement la seule, à savoir que quoi qu'il arrive, en dépit des circonstances, des pressions et des difficultés de tous ordres, on est toujours le patron de sa propre trajectoire.

Bien sûr, on a tous connu ça, il est toujours facile de rejeter sur les autres l'origine de ce qui bouscule nos concepts, nos orientations et de ce qui pose un problème. Mais au-delà des apparences, avec un peu d'objectivité, on réalise en fait que tout ce qui s'impose à nous n'a pour cause première que notre choix de laisser telle pensée, telle personne, telle situation impacter notre vie plus ou moins durablement. Il est si facile de se décharger sur les autres de la responsabilité de ce qui nous arrive, pour finalement ne s'attribuer à soi-même que ce qui va bien et nous gratifie.

Le comprendre, l'accepter nous fait faire un grand pas dans la compréhension des mécanismes, aussi subtils qu'invisibles, qui régissent notre évolution personnelle.

Malheureusement, il faut souvent du temps, bien des expériences, avant d'arriver à décrypter réellement les relations et les situations dans lesquelles on s'est engagé, et de réaliser enfin que l'on est à la source première de toutes nos expériences.

Du coup, fort de ce qui s'apparente à une nouvelle conscience de notre réalité la plus immédiate, « maintenant » peut vraiment devenir différent.

J'ai toujours été un électron libre, avec un certain caractère. Sous prétexte que j'étais sympathique et qu'il m'arrivait parfois de faire n'importe quoi, des conneries en fait, on pensait que je n'avais pas de personnalité. Mais au contraire j'en avais une, bien à moi, simplement je ne me connaissais pas, un peu étouffé, enlisé dans une façon d'être qui n'était pas véritablement la mienne.

La peur d'être inculte, de ne pas être « à la hauteur » m'a longtemps hanté. Cette sorte de manque, ce besoin de reconnaissance, cette attente jamais avouée, sans doute issus de l'enfance, m'ont poursuivi durant des années.

Dans le même temps, j'ai acquis une expérience extraordinaire avec ma première vie dans le tennis, que j'aimerais aujourd'hui transmettre.

J'ai longtemps cherché ce que je voulais vraiment, à la fin de ma carrière. J'ai cherché, vécu de nouvelles expériences. J'ai pris du recul, le temps de réfléchir. Le temps a passé. En prenant de l'âge, la maturité aidant, on devient plus serein. On prend aussi ses distances avec nombre de choses qui nous tenaient à cœur auparavant, réalisant combien elles étaient superficielles ou éphémères.

Maintenant, je sais, c'est ça : partager mon expérience, ancrer ma nouvelle vie dans des choses hyper bénéfiques, tant pour moi que pour les autres.

Comprendre ce que l'on est, savoir ce que l'on veut et vers quoi on va, tout est là. Et pour cela, avoir aussi à l'esprit ce que l'on ne veut plus, pour en avoir fait le tour et simplement parce que l'on souhaite aller plus loin. Revenir à une certaine authenticité, pour continuer à évoluer.

Lorsqu'il nous est donné d'entrer dans une nouvelle vie, c'est un peu comme une nouvelle naissance, une renaissance. Mais cette fois, c'est nous qui sommes à l'origine de cette naissance.

En revenant à nous, on remet les choses en question sur qui nous sommes, ce que nous faisons, sur ce qui a pu nous correspondre à un moment donné mais qui est désormais dépassé, simplement parce qu'au fil des expériences, des années, nous avons changé. Nos attentes, nos besoins sont différents, et aussi notre exigence vis-à-vis des autres, ce qu'ils peuvent nous apporter, ce que l'on veut leur donner. En finir avec les critiques, les mesquineries, les jalousies, les jugements infondés. Sortir des rôles que le système, les autres veulent nous faire jouer.

Que fait-on de notre vie, là, maintenant, aujourd'hui ? Avec seulement l'envie de revenir à une existence simple, d'aimer, de donner, de se faire plaisir sans avoir toujours des arrière-pensées qui nous bouffent la tête. Lâcher prise, dépasser tout ce qui peut l'être, pour faire de la place à ce que l'on a envie de vivre à présent.

Et apprendre, encore, toujours, de ce qui nous arrive. Jongler, derrière les apparences, avec nos forces, nos fragilités, l'image offerte aux autres d'une personnalité cohérente et bien en place. Et réaliser que derrière l'icône tennistique connue de tous il y a une belle personne, qui continue à se questionner comme tout un chacun, qui a fait des choix, les a assumés, avec comme précieux bagage ses expériences passées. Tout ça, aussi, grâce à l'éducation solide que j'ai reçue.

Et puis revenir aux choses basiques. Comme le fait d'avoir un endroit à moi. J'ai toujours trouvé ou acheté des lieux pour les autres, jamais pour moi, avec parfois un ego surdimensionné, c'est vrai. Et en fait, plutôt que posséder, j'ai été dépossédé. Et maintenant je veux revenir à l'essentiel. Parce que j'ai compris que ce ne sont pas ses possessions qui font un homme, mais ce qu'il est au plus profond de lui.

Aujourd'hui, je veux revenir à des choses simples. C'est fini d'être une personnalité plutôt qu'une personne. Je ne veux plus être une autre personne, juste moi, et écouter mes propres envies, mes pulsions.

Je sais maintenant, j'ai compris ce dont j'ai besoin, après ma vie dans le tennis. La page est tournée, je passe à autre chose, en donnant la priorité à l'humain que je suis plutôt qu'au Henri Leconte que les autres, l'agitation médiatique notamment, ont idéalisé sans réellement comprendre qui j'étais vraiment.

Pour avoir vécu des moments exceptionnels, je sais que le mental est là, toujours là, désormais au service de ce que je veux entreprendre, grâce à mes expériences dans le haut niveau sportif, parce que la vie est aussi une affaire de combat permanent pour se réaliser, accomplir le meilleur de soi et donner au quotidien une autre dimension.

J'ai tellement fait pour les autres qu'aujourd'hui je veux d'abord penser à ce que je suis, à ce que je fais pour moi. Et tant mieux si les autres peuvent s'en inspirer pour également se retrouver et redevenir authentiques dans leur propre trajectoire. Juste être moi-même, dans l'écoute et l'acceptation de ce que je sens, ressens, de ce qui me va réellement ou ne me concerne pas. On pourra toujours me juger, comme hier, mais qui est-on pour porter un jugement ? Qu'est-ce qu'on a fait pour se l'autoriser ?

J'ai été et je suis toujours un homme public, avec une notoriété, je sais ce que ça m'a apporté, et aussi tout ce que ça m'a coûté. Mais maintenant je suis ailleurs, loin de toute cette agitation.

Je ne pense aujourd'hui qu'à continuer à progresser. Et chercher, encore et toujours, à comprendre comment je fonctionne, et l'accepter. Tout est là.

Je sais qu'il existe encore des faiblesses, des blocages, qui parfois remontent très loin dans le passé. Mais je travaille dessus, j'avance, et peu à peu je reviens à la surface de moi-même. Juste « être vrai ». Pour moi et ceux qui m'entourent. Ceux qui ne s'en tiennent pas qu'aux apparences et qui prennent le temps de me comprendre.

Être apprécié, reconnu, aimé pour ce que je suis, ce que je fais. Est-ce trop demander ? Et n'est-ce pas ce que tout le monde souhaite au fond de soi ?

Mon expérience

Mon parcours tennistique et ma vie professionnelle depuis que j'ai arrêté la compétition m'ont permis d'acquérir des compétences que je transmets aujourd'hui dans des conférences et des séminaires.

L'école de la vie et les expériences sur le terrain ont été ma formation.

Quand je repense à ma première intervention en public, à l'été 1988 lors de ma finale perdue à Roland-Garros – « J'espère que vous avez un petit peu compris mon jeu… » –, j'en rigole à présent.

Aujourd'hui, je vois le chemin parcouru, car maintenant je sais mettre les mots à leur place, et à quel point il est important de pouvoir s'exprimer sans confusion, sans être submergé par un trop-plein d'émotions, de colère, de frustration.

Durant toutes ces années, j'ai fait un vrai travail d'introspection sur moi-même, sur mes émotions passées, mes expériences, qui étaient en réalité autant de messages révélateurs de ce qui me bloquait et me freinait dans mon évolution.

Progressivement, une vraie libération m'a ouvert la voie du renouveau, me permettant d'être clair avec moi-même, de retranscrire mes émotions avec les bons mots.

Je suis un passionné. Ce mot a toujours résonné en moi. J'ai toujours aimé vibrer. Cela demande un travail sur soi de chaque instant, de mettre des intentions et d'y croire, comme à mes débuts dans le tennis.

À douze ans, je voulais être dans les dix premiers mondiaux, je rêvais jour et nuit de gagner, et j'ai réussi. Je n'ai jamais baissé les bras, jamais rien lâché.

Et puis il y a les rencontres. Les rencontres qui arrivent au moment où nous sommes prêts à les accueillir, à comprendre l'enseignement qu'elles vont nous apporter. Toute ma vie a été une succession de rencontres, comme autant d'étapes à franchir pour m'affranchir et continuer à assumer ma vie d'homme.

« Et un jour cette femme met sa main dans la vôtre… » comme le chante si bien Florent Pagny.

La rencontre avec Maya a été un électrochoc. J'ai ressenti comme une évidence.

Son ouverture d'esprit, son calme, son écoute, ses bons mots qui peu à peu m'ont éveillé m'ont amené à prendre conscience de tout le potentiel qui était encore en sommeil en moi, pas encore exploité par manque de maturité.

Au fil des années, j'ai appris à comprendre et à dépasser les épreuves que j'ai vécues, je les ai acceptées, ce qui m'a permis de ne pas les répéter. Avec cette sensation, jour après jour, de voir enfin les pièces du « puzzle » de ma vie se mettre en place, avec une conscience nouvelle et un alignement empreint de sérénité.

Épilogue

Juin 2023.
Roland-Garros.

Encore et toujours. Comme un pèlerinage… depuis quarante-cinq ans !

Avec cette sensation d'y être né, d'y avoir vécu mes émotions les plus fortes.

Là où je me suis accompli. Et surtout là où mon histoire d'amour avec un public fabuleux, qui m'a reconnu pour ce que je suis, m'a porté durant tant d'années.

Alors que, pour d'autres, Roland-Garros est un véritable mythe, l'un des temples majeurs du tennis, pour moi, c'est bien plus que cela. Ma cour, mon jardin, le lieu où tout est devenu possible, a démarré, explosé, l'endroit qui m'a propulsé aux quatre coins du monde.

Et surtout le lieu qui a donné du sens à toutes ces années consacrées à un sport que j'adore.

Aujourd'hui encore, c'est magique. J'ai beau avoir raccroché comme joueur depuis longtemps, on me connaît, on me reconnaît, on vient me parler, faire un selfie, me demander un autographe. Il y a une complicité incroyable avec les joueurs, les grands noms d'hier ou certains d'aujourd'hui, et toujours cette sensation géniale d'avoir marqué l'histoire de Roland-Garros.

Ça, c'est le visible, le palpable, l'immédiatement perceptible.

Et puis il y a le reste, ce que le tennis a fait de moi. La façon dont il a modelé profondément ma trajectoire, m'a appris la vie, au fil de mes succès, de mes erreurs, de mes blessures et de mes résurrections physiques.

Après être tombé si jeune dans le grand bain du tennis de haut niveau, Roland-Garros m'a tout donné, et surtout m'a révélé à moi-même.

J'y ai appris à souffrir, à assumer mes échecs, à les comprendre et à les dépasser. À maîtriser mon énergie bouillonnante pour atteindre des objectifs très précis, et finalement à aller au-delà de ce que je croyais possible pour mon corps.

Toutes ces années, à Roland-Garros comme sur bien d'autres courts, j'ai appris à devenir un combattant, à ne rien lâcher lorsque les difficultés se présentaient, à me relever chaque fois que je tombais. Et ça, c'est aujourd'hui mon véritable trésor, bien avant toutes les possessions matérielles.

C'est ce qui me motive, encore et toujours, à avoir des projets, à entreprendre, à vouloir partager cette expérience de vie qui m'a tellement enrichi avec toutes celles et tous ceux qui aspirent à aller jusqu'au bout de leurs rêves.

J'ai rêvé du tennis, de devenir l'un des meilleurs, et je l'ai fait ! Non sans mal, car il a fallu jongler avec bien des impératifs contraignants et des déceptions passagères, dans la vie comme sur les courts, mais j'y suis arrivé. Me prouvant à moi-même, avant de le prouver aux autres, que tout est possible.

Alors oui, c'est d'une passion hors du commun qu'il a été question, pour un sport auquel j'ai tout donné et qui me l'a bien rendu.

Qui m'a tellement fait vibrer qu'aujourd'hui encore une volonté de tous les instants me porte vers de nouveaux projets. Comme si je parvenais au seuil d'une troisième vie. Après celle du tennis, puis celle des interventions médiatiques, voici celle marquée par la sérénité à transmettre mon expérience de la réussite, transposable quoi que l'on entreprenne.

S'accomplir, dévoiler et mettre en œuvre ses propres potentiels, ne jamais renoncer dans un monde moderne en constante évolution, où la confrontation et la compétition sont de rigueur, mérite à l'évidence de venir puiser en soi la force, l'énergie première indispensable pour affronter tous les défis.

C'est de cela que je parle dans mes conférences, mes séminaires, mes interventions dans les business clubs, et plus largement dans toutes les prestations offertes par HL&Co. Avec encore et toujours, en filigrane, avant même la réussite professionnelle, la quête intime et insatiable de la réalisation de soi. Car c'est bien ce dont il est question dans toute trajectoire humaine, non ?

Juste quelques pages, une flopée de souvenirs, et au bout du compte l'envie de partager les folles sensations de la victoire, les vibrations intenses qui marquent toute réussite et qui laissent pour toujours une empreinte indélébile dans le cœur.

Avec une seule certitude. C'est qu'au bout du compte, quelle qu'ait pu être notre vie jusqu'à aujourd'hui, quoi que l'on ait pu entreprendre, il est toujours possible de poser son sac, de s'interroger sur qui l'on est réellement, où on en est dans notre vie. Et si besoin, de tout faire pour revenir à ce que l'on est le plus intimement en son for intérieur. Rien ne compte plus que cela.

Je retrouve une nouvelle fois le lac tranquille, à deux pas de la capitale.

Il est tôt. Le soleil d'été commence déjà à chauffer. Marcher avec mon chien dans le calme de la nature qui s'éveille, la tête vide de toute pensée, est un vrai bonheur.

J'ai laissé derrière moi bien des souvenirs, des certitudes et des obligations qui en réalité ne m'appartenaient pas. Alors, comme par magie, je me suis retrouvé.

Redonner du sens à son existence, revenir à soi, à ce que l'on est véritablement, à nos envies et nos rêves de toujours n'est une évidence pour personne. Mais ça marche !

On a juste besoin d'y croire. De s'autoriser à dépasser les limites qu'on nous a trop souvent imposées. Et pour cela, trouver des exemples à suivre, qui démontrent dans les faits, et pas dans les grandes théories des « bien-pensants », qu'en dépit de tout ce qui peut survenir on est toujours maître de notre trajectoire.

On l'a trop souvent oublié, mais la vérité est là, tout autour de nous, dans la nature qui nous entoure, qui depuis toujours pulse au même rythme que tout ce qui existe. C'est tellement plus essentiel que les rythmes fous dans lesquels le monde moderne nous emporte !

Revenir à ça, tout simplement, est déjà un grand pas vers cet accomplissement de soi auquel chacun aspire. Juste pour qu'au moment de partir, d'en finir avec cette vie, on n'ait rien à regretter.

Cela en fera sourire certains, mais je vous assure : soixante ans est un bel âge !

Pour peu qu'on garde la forme, tout est encore possible. Et je compte bien le prouver encore longtemps.

On a une foule de souvenirs géniaux à retrouver de temps en temps, et aussi l'expérience de moments forts que l'on sait pouvoir réactiver dans de nouvelles aventures. Et on peut partager tout ça avec quiconque le souhaite. C'est juste génial !

Chaque jour, ma motivation, mon état d'esprit, c'est d'être comme en préparation de la Coupe Davis… je me rejoue le point gagnant de celle de 1991 !

Apprendre, avancer et rebondir. Encore et encore.

10 juillet 2023

Pour l'éditeur, le principe est d'utiliser des papiers composés de fibres naturelles, renouvelables, recyclables et fabriquées à partir de bois issus de forêts qui adoptent un système d'aménagement durable.

En outre, l'éditeur attend de ses fournisseurs de papier qu'ils s'inscrivent dans une démarche de certification environnementale reconnue.

PAPIER CERTIFIÉ

Imprimé en Espagne par Rotativas de Estella
pour le compte des éditions Hachette Livre (Marabout)
58, rue Jean-Bleuzen – 92178 Vanves Cedex
Dépôt légal : octobre 2023
ISBN : 978-2-501-17899-0

4928105/01